物流の視点からみた ASEAN市場

-東南アジアの経済発展と物流-

森 隆行

カナリアコミュニケーションズ

はじめに

　ASEANへの注目が集まっています。ミャンマーの市場経済への参入、中国の人件費高騰を受けてのチャイナ・プラスワンの動き、そして、順調に拡大する経済を背景に消費市場としての期待が高まっています。この地域に進出、あるいは進出を計画する企業は製造業だけでなく、流通・小売り、外食、サービス業などあらゆる業種に拡大しています。

　企業活動が地球規模に広がっている現代において、海外展開する企業にとって物流が何より重要です。物流なくして企業活動は成り立ちません。その意味で、物流インフラの有無が進出する上での鍵になることも少なくありません。ASEANといっても一括りにはできません。物流インフラを含めて大きな格差が存在します。ミャンマーが民主化へ舵を切ってからの日系物流企業の進出は迅速です。これは、製造業が本格的に進出する前に現地での体制を固めて、製造業を支援する形で事業を拡大しようという狙いがあると思われます。

　ASEAN関連のビジネス書は多くありますが、そのほとんどが投資環境として財務、規則・規制や労務といったことが中心です。本書は、これまでのASEAN関係の書籍とは別の視点、つまり企業活動の要でもある物流の視点からASEANを眺めてみました。これからこの地域に進出を計画している方々の参考になれば幸いです。

　本書は、2010年以降のASEAN諸国への現地調査をもとに執筆したものです。調査にあたっては、流通科学大学流通科学研究所、神戸大学海事科学研究科国際海事センター、国土交通省、独立行政法人鉄道建設・運輸施設整備支援機構（JRTT）、日立物流、日新、商船三井、タマサート大学、チェンマイ大学、マエファルーン大学など多くの方々にご協力頂きました。また、本書は、日本商事仲裁協会の「月刊JCAジャーナル」の2014年2月号から2015年4月号まで1年3か月にわたり連載させていただいた原稿をもとに加筆、修正を加えたものです。連載の編集を担当してくださり、当初10回程度の連載を15回まで快く延長を認めてくださった同協会業務部の勝田利文氏、そして本書の出版にご尽力いただいたカナリアコミュニケーションズの谷田川惣氏をはじめご支援、ご協力いただいた方々に心よりお礼申し上げます。

2015年5月

森　隆行

目　次

はじめに ……………………………………………………………………………………… 2

序　章　物流の視点から見たアジアの経済発展と日系企業の動向 ……… 5

第1章　タイ
　　──インドシナ半島における陸の物流拠点 …………………………… 25

第2章　マレーシア
　　──グローバル・ハラール・ハブ構想で経済活性化を狙う ………… 49

第3章　ラオス・カンボジア
　　──ASEANの新興国 …………………………………………………… 73

第4章　ミャンマー
　　──アジア最後のフロンティア ………………………………………… 101

第5章　インドネシア
　　──消費市場として期待される最大のイスラム国家にしてASEANの大国 ……… 131

第6章　ベトナム
　　──耐久消費材の普及に期待が寄せられる ………………………… 143

第7章　フィリピン
　　──「アジアの優等生」から「アジアの病人」へ、経済は復活するか？ …………… 157

第8章　シンガポール・ブルネイ
　　──ASEANにおける無資源大国とエネルギー資源大国 ………… 165

参考文献 ………………………………………………………………………………… 179

序章

物流の視点から見たアジアの経済発展と日系企業の動向

1．はじめに

　東南アジアを中心に日系企業のアジアへの進出が加速している。従来は、海外進出といえば自動車や電機などの製造業が主役であったが、現在は外食、アパレル、雑貨、食品、小売りといった内需型企業、いわゆる消費産業へとその主役が大きく変わっている。また、「チャイナ・プラスワン」という言葉に表されるように東南アジア諸国連合（ASEAN; Association of South - East Asian Nations）を中心としたアジアがその中心となっていることも特徴の一つである。中でも、タイを中軸に「後発ASEAN（ベトナム・ラオス・カンボジア・ミャンマー）」の開発が進んでいる。その背景には、近年のASEAN諸国の著しい経済発展と、国民所得の増加による市場の拡大がある。

　アジアにおける経済発展とその変化、及び日系企業の動向を物流というこれまでと違った視点から見ることで、新たなASEAN像が見えてくるかもしれない。

　序章ではインドシナ半島を中心とした動向を概観、第2章以降で、ASEAN諸国を個別に取り上げた。

　日系物流企業の動向を中心にした物流面のアジアにおける特徴として、次の5点が挙げられる。これらについて、各章において詳しく述べる。

① インドシナ半島のクロスボーダー輸送（越境物流）
② タイを中心にコールドチェーンの構築
③ アジア域内航路の充実
④ アジア域内物流の拡大と多様化
⑤ 東南アジアにおけるビジネス拠点構築

　こうした特徴の背景には、ASEANを中心にした経済発展とその結果としての所得の向上、そして市場の拡大がある。タイなど中進国では自家物流から物流のアウトソーシング化が進展している。また、ASEAN域内の国際分業体制が進み、アジア域内の物流が多様化し、活発になっていることも大きな要因である。

　アジアの経済成長に伴う経済のグローバル化はサプライチェーンの世界規模への拡大を意味する。ASEANにおける国際分業体制を支えるのが物流ネットワークである。さらに、国際分業体制はASEANにとどまらず、大メコン圏（GMS; Greater Mekong Subregion）を中心に東の中国と西のインドを包含する巨大なアジアの経済圏を構築しつつある。インドシナ半島を構成するASEANがインド洋と

太平洋を結ぶ要衝にある。

　日本の産業構造の変化、貿易構造の変化とアジア経済の拡大を背景に、アジアにおける物流＝モノの流れが大きく変わりつつある。それに伴い、物流サービスそのものも従来と変わりつつある。加えて、日本政府の動きが日系企業の進出を後押しする。安倍首相による原子力発電や鉄道などのインフラの積極的なトップセールスが目を引く。さらに海洋基本法及び昨年決定された同第2次基本計画には、港湾などのシステムとしての輸出を積極的に推し進めることが記されている。

　経済発展と物流の整備・発展は車の両輪であり、どちらが滞っても、もう一方の制約要因となる。経済発展のためには、市場経済システムの確立が必要である。そして、その条件として、①地域差、多様性の存在。②制度的な枠組みの存在。③物流インフラネットワークの存在。の3点が挙げられる。

　ASEANの中には、シンガポールのような先進国とラオス、カンボジアやミャンマーのような後発の国もあり、様々な格差が存在する。そのことが域内の国際分業体制を可能にしている面がある。2015年のASEAN経済共同体（AEC; ASEAN Economic Community）への歩みが制度的枠組みの構築を保証する。AECに加えてアジア開発銀行（ADB; Asian Development Bank）によるGMSプロジェクトにより域内物流ネットワークの整備が進んでいる。このように、現在ASEANには経済発展のための市場経済システムの成立要件が備わっており、今後さらなる、経済発展が見込まれる。

2．拡大するアジア市場と日本企業

　近年のアジア市場における日系企業は、アジアへの進出が顕著であり、特に、内需産業の進出が特徴である。東日本大震災とその後の円高及び中国の人件費の高騰などが、日系企業のアジアへの展開に拍車をかけた。日本の企業にとってアジアが最重要地域になった。日本の貿易相手国の第1位が中国となり、ASEANも米国を抜いた。また、中国、ASEANを含めたアジア貿易では輸出54.1％、輸入58.0％、輸出入合計では56.1％と半分以上を占めるに至っている（表1）。

　消費市場としてのアジアの特徴の一つに、都市消費が挙げられる。一般に、一人当たりGDP3,000ドルが大きく消費が拡大する転換点といわれる。アジアには人口の集中した大都市が多く存在する。そうした都市における一人当たりGDPは、

当該国の平均を大きく上回っている。したがって、国全体としては消費社会に入る前段階であっても、都市部だけを見ればすでに消費社会に入っているケースは多い。ASEANには、ジャカルタ（835万人）、バンコク（636万人）、ホーチミン（455万人）、シンガポール（419万人）、ヤンゴン（410万人）、スラバヤ（259万人）、ケソンシティ（217万人）、バンドン（214万人）、メダン（190万人）、プノンペン（160万人）、マニラ（158万人）、ハノイ（119万人）など100万人以上の都市が12ある。

1982年にホンダがメーカーとして初めて米国で生産を開始、その後1985年のプラザ合意後の急激な円高を背景に日本の製造業の海外生産が急増した。この時期の海外進出は、電機など製造業が中心であり、生産コストの安い、東南アジアや中国に進出をした。現在の中国やアジアに進出する企業は、これらの地域を成長する新興国市場ととらえ、消費地での生産のための進出とその進出意図が従来とは大きく変わっている。製造業は、海外生産の比率をさらに伸ばしている。その割合は、2015年には全生産の3分の1を超えることが確実となっている（図1）。また、今日業績を伸ばしている日系企業の多くがその利益をアジアから上げている。言い換えれば成長するアジア市場で成功している企業が業績を伸ばし利益を上げているということがいえる。まさに、利益の源泉はアジアにある（図2）。

◆表1　2013年貿易統計

	輸　出		輸　入		合　計	
	億円	（％）	億円	（％）	億円	（％）
米　　　国	136,489	18.7%	75,403	9.0%	211,892	13.5%
Ｅ　　　Ｕ	75,852	10.4%	81,580	9.7%	157,432	10.0%
ＡＳＥＡＮ	110,828	15.2%	122,503	14.6%	233,331	14.9%
中　　　国	133,840	18.3%	191,718	22.9%	325,558	20.7%
ア ジ ア*	150,643	20.6%	171,868	20.5%	322,511	20.5%
そ の 他	123,366	16.9%	195,820	23.3%	319,186	20.3%
合　　　計	731,018	100.0%	838,892	100.0%	1,569,910	100.0%

出所：財務省　速報値
（注）アジアの中には、中国、ASEANは含まない。

序章　物流の視点から見たアジアの経済発展と日系企業の動向

■ 図1　日本の製造業の海外生産比率

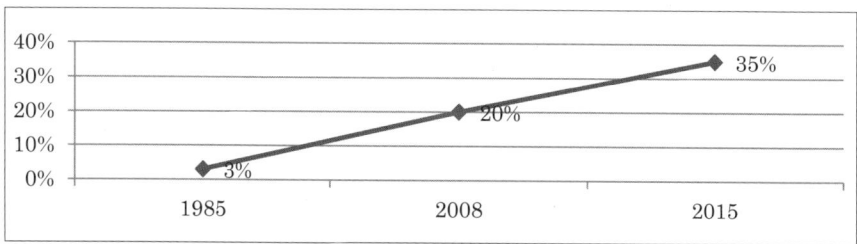

出所：日経新聞2011.1.4記事をもとに作成

■ 図2　2011年3月期海外売上高比率ランキング（1～20位）　　　単位：%

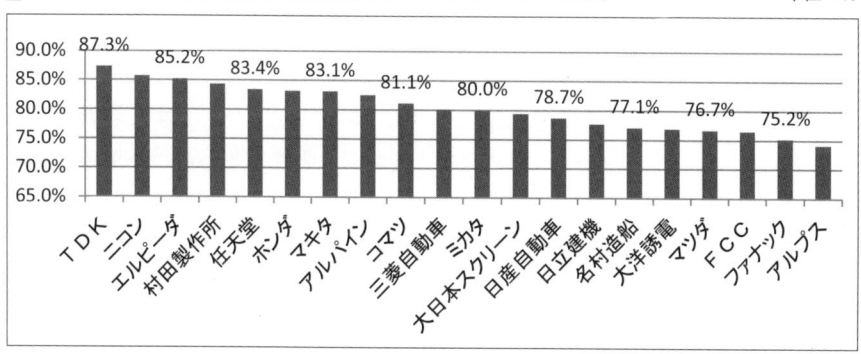

出所：日経新聞2011.6.2

■ 図3　北米航路アジア発着の地域別輸送量割合　　　　　　　　　　（%）

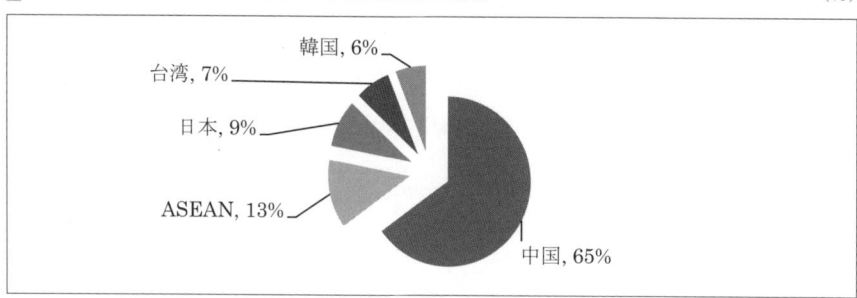

出所：「数字で見る日本の海事2008」日本海事広報協会（2008年）
＊東航・西航合計数値
＊ASEANは、シンガポール、タイ、マレーシア、インドネシア、ベトナム、フィリピンの6ケ国。
＊中国には、香港を含む（香港1,089千TEU,5.7%）

9

海上輸送及びコンテナ取扱量からみてもアジアの優位性が歴然としている。北米航路（アジア／北米）の発着地別の地域別コンテナ輸送量を見ると香港を含む中国が全体の65％を占めている（往復航合計）。日本はわずか9％にすぎない。また、ASEAN諸国は個別には決して大きくはないがASEAN全体で見ると13％であり、日本の規模を上回っている（**図3**）。

　港別のコンテナ取扱量のデータをみれば、上位10港のすべてがアジアの港である（**図4**）。こうした事実から、世界経済と物流の中心がアジアにその軸足を移していることが一目瞭然であり、日系企業が経営戦略としてアジア市場を重視することは当然の帰結である。

　日系の製造業、消費産業のこれらの地域への進出と同じく、日系物流企業のアジア進出も加速している。日系物流企業の進出目的にも変化が見られる。変化した点として、ターゲットを日系企業に限定しないこと。また、必ずしも製造業への物流支援に限らず、流通業や外食産業がその対象となっていることが挙げられる。

■ 図4　世界主要港コンテナ取扱量上位20港（2013年）　　　　　単位：千TEU

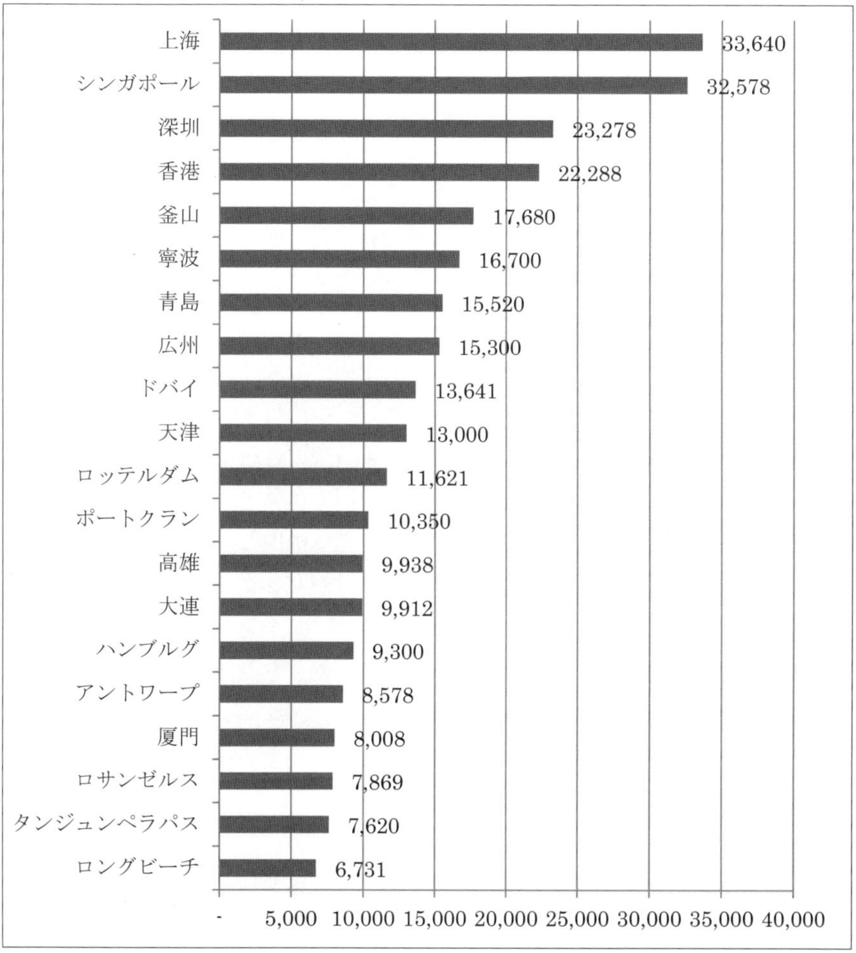

上海	33,640
シンガポール	32,578
深圳	23,278
香港	22,288
釜山	17,680
寧波	16,700
青島	15,520
広州	15,300
ドバイ	13,641
天津	13,000
ロッテルダム	11,621
ポートクラン	10,350
高雄	9,938
大連	9,912
ハンブルグ	9,300
アントワープ	8,578
厦門	8,008
ロサンゼルス	7,869
タンジュンペラパス	7,620
ロングビーチ	6,731

出典：Containerisation International Yearbook

3．アジアに目を向ける日本企業

　成長著しいアジア市場への日本企業の進出における最近の特徴として、製造業だけでなくスーパーやコンビニなど流通業、あるいはラーメンや居酒屋などの外食産業など、いわゆる消費産業の進出を挙げた。こうした業種の進出により、現地では従来とは違った物流需要が発生している。こうしたニーズに応える形での

日系物流企業の進出が見られると同時に、現地の企業や消費者を対象にした物流サービスを構築しようとする動きもある。例えば、ヤマトや佐川急便の中国やシンガポールへの進出は、宅配便の日本のモデルをそのまま現地で展開しようとするものである。中国やASEAN諸国では、経済が成長し、所得が向上した結果、物流においてもB to Cの高度なサービスへのニーズが求められるようになったということである。また、タイに代表されるように、スーパー、コンビニや日本食レストランなどの配送を含めた冷蔵、冷凍施設の需要の増加を受けて、ヨコレイや五十嵐冷蔵などがその設備能力の増強を図ると同時に、鴻池運輸などのように新規参入を図る物流事業者も現れている。

　最近の海外展開のもう一つの特徴として、中国への過度の集中からアジアの他の地域への分散化が挙げられる。2011年3月11日の東日本大震災の反省からのサプライチェーンの見直し、地震による津波によって引き起こされた原子力発電所事故による電力不足の問題、原油高、さらに中国で多発する労働争議及び人件費の高騰などの要因、加えて尖閣列島の領有権を巡る中国との政治的関係の悪化によるリスクといった理由が挙げられる。ユニクロがバングラデッシュに新たな製造拠点を構築し、中国依存の比率を下げるなどアパレル業を中心に多くの製造業が中国への依存度を下げ、他のアジア地域に製造拠点を設け、分散化を図る動きが顕著である。こうした製造拠点の分散化の動きは、ユニクロのファーストリテイリングなどの大手に限らず、アパレル関連の中小企業の戦略にも顕著に表れている（**表2**）。

　また、タイの主工場の一部をラオスやカンボジアの周辺国に移転し、タイを中心とした国際分業体制を造る企業も見られる。主工場と補完的な役割の周辺国の工場の間の部品移動が活発になっており、こうしたASEAN域内の国際分業体制を支える物流の役割が益々重要になっている。

◆表2　脱中国を図る日本の中小アパレル企業の例

企業名	本社所在地	内容	最近の動向
小島衣料	岐阜市	婦人服（OEM）	バグラデッシュ（ダッカ）に工場新設（4,400㎡）従業員500人採用。月産婦人服3万着。中国4工場で100％生産→中国生産比率を15％へ減らす。
丸久	徳島県鳴門市	子供服	中国・インドに次ぐ3番目の工場バングラデッシュに新設（30％）。中国の生産シェア70％→45％へ減。
ハイブリッド販売	福岡県宗像市	リゾート風衣料	中国からインドへ生産シフト（インドの協力工場による生産比率拡大）。中国40％→10％以下へ
コロナマルタイ	大阪市	「芯地」開発・販売	ベトナムに新会社設立。現地の協力工場で芯地の生産。
ドリーム	大阪市	婦人服の製造・販売	インドネシアに工場建設。中国・韓国に次ぐ3番目の工場として、3地域で生産をバランスさせる。

出所：日経新聞　2011.2.23

4．GMSを中心にとしたASEANと中国・インドを結ぶ物流ネットワークの形成

（1）GMSプログラムによるインドシナ半島経済回廊の整備と物流

　東南アジアは、古くから中国とインドという巨大市場を結ぶ交易空間であり、海の回廊によってつながっていた。植民地時代には、それ以前から構築されていた海上交通網に加えて、鉄道インフラが整備された。ただし、鉄道は限定されたものであり、基本的に海上交通が中心であることに変わりはない。第2次世界大戦後に独立を果たした国においても、ベトナム戦争、カンボジア内戦と混乱が続いた。その後の東西冷戦の終結、そして1991年のカンボジア内戦が国連の和平調停によって終結し、この地域における民主主義と改革開放市場を志向する経済運営を基本原則とする基本的価値の共有により、GMSプログラムが途に就くことになった。これは、ADBの主導によるものであり、その誕生は、1992年にADBが、

13

インドシナ5ケ国（カンボジア、ラオス、ミャンマー、タイ、ベトナム）と中国雲南省の代表を集めて、この地域の経済連携協力に関する予備的作業に入った時に始まった。

　ADBによるGMSプログラム支援は大きく3つの段階に分けることができる。

　第1段階において、交通が6つの重点項目の一つとして取り上げられた。第2段階に入った1999年には、タイ・ラオス・ベトナム3国間越境交通協定（Cross Border Transport Agreement）が調印され、GMSの10年間の長期計画が発表された。これによって地域協力のビジョンが明確にされ各国に共有されることになった。さらに、具体的な資金調達、プロジェクトの承認と建設が開始された。第3段階に入り、2002年には、中国が越境協定に参加、越境協定実効化のための具体的交渉が開始され、この地域の貧困撲滅と持続的経済成長を具現化する越境回廊形成がGMSのフラッグプロジェクトとされた。こうした経緯を経て、21世紀に入り、インドシナ半島における越境経済回廊の整備が一挙に進んだ。これらの中でも特にインパクトが大きく、今後の展開が期待されているのが東西（経済）回廊である。建設中の回廊を含めこれらの越境回廊により、インドシナ半島における交通・物流が海上輸送のみの時代から海上交通とトラック輸送併存の時代に入ったことを意味する。海の回廊に、南北に走る陸の回廊（南北回廊）と東西に走る陸の回廊（東西回廊）が加わることで、インドシナ半島、メコン流域の物流を面として捉えることができるようになった。これを可能にしたのは、流域各国の基本的価値の共有に加えて、交通政策制度化革新としての越境協定であり、インフラ整備技術革新及び自動車やコンテナなどの運輸技術革新である。なお、これらの回廊はGMS内に止まるものではないと関係各国では考えられている。東西回廊は、ベトナムからミャンマーのモーラミャインまでのおよそ1,450キロメートルであるが、モーラミャインが決して終点として考えられているわけではなく、GMS関係国ではインドへの入口へというとらえ方をしている。なお、現在、東西回廊のタイ・ミャンマー国境が閉鎖されているためモーラミャインまでは開通していない。1999年のタイ・ラオス・ベトナム3国間越境交通協定に、2001年にカンボジア、2002年に中国、2003年にはミャンマーが加盟し、2004年に越境協定作成のための常設合同委員会が設立された（表4）。

　ミャンマーが民主化に向け動き出したことから、タイ・ミャンマー国境で途切

れている東西回廊も近い将来つながることが期待されるなど、ミャンマーが民主化に向けて動き出したことによりこの地域への投資が集中し、経済が爆発的に活発化すると見込まれる。そのためには、物流インフラの整備が喫緊の課題となる。

◆表3　インドシナ5ケ国経済基礎データ（2013年）

	タイ	ベトナム	ラオス	カンボジア	ミャンマー
人口（万人）	6,823	8,969	677	1,509	5,098
一人当たりGDP（ドル）	5,675	1,901	1,593	1,028	1,113
名目GDP（億ドル）	3,872	1,705	108	155	567
GDP成長率（%）	2.89	6.60	8.03	7.43	8.25

出所：IMF "World Economic Outlook Database" 他

◆表4　1992年以降のADBによるGMSプログラム支援の変遷

段階	年代	内容
第1段階	1992〜1995年	地域協力を促すために流域諸国との対話を継続し相互に受け入れ可能な調整組織、合意形成過程と協調メカニズムを構築。地域協力が不可欠な領域の確認により、以下の6つの重点セクターを取り上げた。①交通、②通信、③エネルギー、④環境保全、⑤人的資源開発、⑥貿易・投資
第2段階	1996〜2002年	第1段階で準備された個別プログラムの実施段階。1999年2月タイ・ラオス・ベトナム3国間越境交通協定（Cross Border Transport Agreement）調印。GMS10年間の長期計画発表。地域協力の明確なビジョンの共有、資金調達、プロジェクトの承認と建設の開始。
第3段階	2003〜	2002年中国が越境協定に参加。越境協定実効化のための具体的交渉が開始。この地域の貧困撲滅と持続的経済成長を具現化する越境回廊形成をGMSのフラッグプロジェクトとした。GMSの戦略目標として、この地域は、グローバル化する世界に対して①複合強化、②競争力強化を規定した。

出所：石田正美編著「メコン地域」、アジア経済研究所（2005）を基に一部修正を加えた

　ASEANは、2015年末に域内の関税撤廃を目指している。これは、AEC（ASEAN Economic Community）と呼ばれ、EUのような市場統合を視野に入れている。民主化に向けて動き出したミャンマーの動向もプラス要因である。もっとも、タイ

の財界人はミャンマーの軍事政権についても従来から楽観的な見方をするものが多かった。2015年末の関税撤廃は既成の事実として、AECという大きな市場の中での自らのポジションの確保を急いでいる。ミャンマーは、彼らにとってすでにインドシナ半島の経済圏の一部になっていると考えているのである。

インドシナ半島における経済的な結びつきを深め、インドシナ半島を一つの経済圏として成立させる背景には、20世紀末から始まった陸上物流インフラの整備によるところが大きい。ASEAN域内の中でもメコン流域5ケ国と中国雲南省を加えた地域の物流インフラ整備によりインドシナ半島の物流環境が大きく変わろうとしている。これらの地域には、タイの8,000社をはじめ、近年はベトナムへの投資が拡大し、日系進出企業が増えている。日系進出企業にとって、ASEAN域内での最適地生産、最適地調達のためのサプライチェーンはASEAN全体に渡るグローバルなものとなっており、国際分業体制を確立しようとする日系企業にとってこの地域の物流ネットワークの整備は重要な関心事である。

インドシナ半島における、主要道路の整備計画と鉄道整備計画の概略を以下にまとめた。

① 東西（経済）回廊

東西回廊は、ベトナムのダナンから、ドンハー、ラオパオからラオスのサワナケートを経て、タイのムクダハンからミャンマーのモーラミャイン間の1,450キロメートルである。ただし、現在は、ミャンマーの国境までのみ通行可能である。2006年12月のタイ・ラオス間の第2メコン友好橋の完成によって開通した。その結果、このルートを使っての陸路の輸送の商業化が進み、すでに日系物流事業者により陸路バンコク・ハノイ間のトラック輸送が実現している。片荷や高コスト（運賃）の問題などがあり、まだ本格的な物流網にはなっていないが、産業集積の進んでいるバンコクと大きな投資が続くベトナム間の潜在貨物は多いと考えられることから今後の展開が期待されている。また、東西回廊の北の延長線上には、中国華南（広州、深セン）があり、高速道路で結ばれている。さらに、その先には中国華中（上海）、中国華北（北京）がある。

第2メコン友好橋は、タイ東北部のムクダハンとラオス中南部のサワナケートを結ぶ全長1,600メートル、幅12メートル（全2車線）の国際橋である。この国際

橋が開通するまで、タイとラオスのメコン川国境の通行はフェリーに拠るしかなく、物流のボトルネックとなっていた。第2メコン友好橋は、タイ・ラオス両国に対する各40億円の日本の円借款で建設された。

　ちなみに、第1メコン友好橋は、ラオスの首都ビエンチャンとタイのノンカイを結び、ノンカイからは国道2号がバンコクまで接続している。1994年オーストラリアの援助で建設された。タイ側の国境の街ノンカイにはテスコやカルフールなど欧州資本の流通業が進出している。また、第1メコン友好橋には鉄道も併設されており、タイからラオスに鉄道が乗り入れている。タイ国鉄ノンカイ駅からラオスのロンロ駅までのおよそ4キロメートルである。3両編成の列車が1日2本だけというもので、利用客は少ない。

◉ 写真1　第2メコン友好橋

出所：Savan Park資料から（手前がラオス・サワナケート、対岸タイ・ムクダハン）

② 南北（経済）回廊

　南北回廊は、雲南省の省都昆明からラオス、ミャンマーを経由してバンコクに至る総延長2,000キロメートルの国際道路である。中国とタイが共同で2009年に着工した第3メコン友好橋の完成で、全面開通した。タイ国内は、北部、東北部からバンコクに至る道路はよく整備されており、全く問題ない。

第3メコン友好橋は、タイのチェンセン港から約10キロメートルのチェンコント、その対岸ラオスのフェイサイを結ぶ。全長630メートル、幅13.7メートル、投資額は3,100万米ドルであり、タイと中国が半分ずつ資金提供した。この橋は2013年に開通した。南北回廊は中国・ASEANの動脈となると期待されている。

③ **南部（経済）回廊**
　タイのバンコクからカンボジアのプノンペンを経由してベトナムのホーチミンに至る900キロメートルの国際道路である。

④ **中国-ASEAN縦断鉄道網**
　マレー半島の南端のシンガポールからタイやベトナムなどを経て中国雲南省の昆明まで約5,500キロメートルの鉄道網を連結するプロジェクトである。総事業費は20億ドルで、2015年完成の見込みである。新設ルートは、ベトナムのホーチミンからカンボジアのプノンペンまでの約200キロメートルとタイ国境付近の約50キロメートルであり、あとは既存の鉄道の補修と、分断されている鉄道を結ぶ。ラオスのビエンチャンまで延長することも検討されており、これが完成すると7ケ国（シンガポール、マレーシア、タイ、カンボジア、ベトナム、ラオス、中国）を結ぶ列車の運行が可能となる。

◆表5　インドシナ半島における東西回廊とその他の物流インフラ整備

東西（経済）回廊	ベトナム中部のダナン港からラオス、タイを通り、ミャンマーのモーラミャインをつなぐ約1,500kmの国際道路。タイとラオスの国境にかかる第2メコン友好橋が2006年12月完成したことでミャンマー国内を除き、ほぼ全面開通。
南北（経済）回廊	雲南省の省都昆明からラオス、ミャンマーを経由してバンコクに至る総延長2,000kmの国際道路。
南部（経済）回廊	タイのバンコクからカンボジアのプノンペンを経由してベトナム・ホーチミンに至る900kmの国際道路。
中国-ASEAN縦断鉄道網	マレー半島の南端のシンガポールからタイやベトナムなどを経て中国・雲南省の昆明まで約5,500kmの鉄道網を連結するプロジェクト。総事業費は20億ドルで2015年完成予定。

出所：「エコノミスト」2007.11.20　一部著者修正

（2）1990年代後半以降のアジアにおける物流動向

　1990年代後半以降のアジアの物流の変化を日本企業との関係から見ると、1990年代後半は、中国がクローズアップされた時代であった。海上輸送もアジアへシフト、その中心は中国という構図が鮮明になった。また、日系製造業の中国への進出と同時に日系の物流企業も進出した。この時期は、中国の沿岸部が中心であった。東南アジアに目を向けると、ASEAN市場統合が前進し、ASEAN域内の人・モノ・カネの移動自由化が進展し、貿易・輸送が大きく増えた。特に、アジア域内貨物輸送が急増した。

　2000年代になると、中国における製造業の沿海部から内陸部への拡大が始まる。こうした製造業の内陸部への拡大にあわせて、日本の物流企業も顧客である日系製造業の要請で、中国内陸部の物流ネットワークの構築に取り組んだ。東南アジアにおいては、ASEAN域内輸送の増大に対応して、海上輸送面でも、極東アジアと東南アジア、東南アジアとインド・パキスタンなどの新しい航路が開設された。同時に、中国とメコン流域5ケ国によるGMSプログラムが具体的に動き出す。特に、ラオス・タイの第2メコン友好橋の完成で東西回廊が完成したことで、ラオス経由のタイとベトナムの物流の将来への期待が膨らんだ。インドでも、自動車産業をはじめ多くの製造業が進出、それにあわせて港湾、高速道路、鉄道の建設が進められている。インドシナ半島ではそれまで分断されていた物流がタイを中心に面としてつながってきた。こうして、タイを中心としたインドシナ半島に一つの大きな物流ネットワークが誕生した。

　これまで遅れていたインドでも物流インフラ整備が動き出した。日本の政府開発援助（ODA; Official Development Assistance）などにより、港湾整備、道路や高速鉄道の整備が進められている。その結果、インドシナ半島の物流ネットワークは、東の中国物流ネットワークと結ばれ、そして、西はインド物流ネットワークへとつながり、巨大なアジア物流ネットワークを形成しつつある。

　東南アジアは、古くから中国とインドという巨大市場を海の回廊によってつなげていた。現代、東南アジアは、海の回廊に、陸の回廊及び航空路も含め陸海空の立体的物流ネットワークにより中国とインドの巨大市場を結びつける重要な地域となりつつある。そして、地理的にその中心に位置し、自動車産業の集積など工業化の著しいタイがアジアにおける物流拠点としての役割として重要となって

いる。また、タイはASEAN域内における製造業の国際分業体制の中心にもなっている。

　地域経済圏の域内貿易率を見ると、ASEAN域内貿易比率は27%である。これは欧州連合（EU; European Union）の66%、北米自由貿易協定（NAFTA; North American Free Trade Agreement）の44%に及ばないが、南米南部共同市場（MERCOSUR; Mercado Común del Sur）の16%より大きい（黒田勝彦他「変貌するアジアの交通・物流」技報堂出版、2010）。この数字は、近年大きく伸びている。ASEANの更なる経済発展と物流インフラの整備の進展、そして域内統合の深化により、今後ますますASEAN域内物流の増加が見込まれる。ASEANでは、「域内経済の拡大→域内物流インフラの整備→域内貿易の更なる拡大」といった循環に入っている。

◆ 表6　1990年代以降のアジアの物流動向

年代	経済動向	物流動向
1990年代後半	①ASEAN市場統合の進展 ②中国（沿海部）の発展	①海上輸送構造の変化－中国が中心的存在 ②中国への物流企業の進出〔沿岸部中心〕 ③ASEAN域内の人・物・金の移動自由化の進展－貿易・輸送の増加、特に、アジア域内貨物輸送の急増
2000年代初め～	①中国からベトナムなどへ投資分散 ②中国沿海部から内陸への投資拡大 ③インドのテイクオフ	①製造業の中国内陸部への進出に伴い物流業も中国内陸部へ事業拡大 ②アジア域内海上輸送ネットワーク整備 ③GMSプログラムの進展と、GMSの道路インフラ整備の進展（東西回廊の開通）
現代	①インド、ITから製造業への投資拡大 ②ミャンマーへの投資が集中 ③チャイナプラスワンの動き	①中国内陸部の物流ネットワーク整備 ②インド物流インフラ整備 ③インドシナ半島にインド・中国を含んだアジア全体の陸上インフラ、ネットワークの整備 ④アジアにおける海陸空の国際複合輸送の新たなサービスの登場 ⑤アジア域内の新航路の登場

著者作成

5．アジアにおける物流サービスの多様化、高度化
（1）インドシナ半島の物流の多面化
　2006年12月、ラオス・タイの第2メコン友好橋の完成で東西回廊が全面開通し、ラオス経由のタイとベトナムを結ぶ陸上物流が動き出した。インドにおいても、自動車産業をはじめ多くの製造業が進出、それにあわせて港湾、高速道路、鉄道の建設が進められている。インドシナ半島では、それまで分断されていた物流がタイを中心に面としてつながってきた。インドシナ半島における新たな物流ネットワークは、東は中国物流ネットワークと結ばれ、そして、西はインド物流ネットワークへとつながり、巨大なアジア物流ネットワークを形成しつつある。

　インドシナ半島が海の回廊でつながっていたときには、シンガポールがその中継点として重要な役割を果たしてきた。21世紀になりインドシナ半島は、海の回廊に加えて陸の回廊が整備され、その利用が進んでくるにつれて、インドシナ半島の物流拠点としてタイの占める位置はますます重要になってくる。もちろん、海の回廊がすべて陸の回廊に置き換わるというようなものではない。今まで通り、海上交通の重要な位置を引き続きシンガポールが占めると考えられるが、加えて陸上交通の比率が増え、インドシナ半島の物流が多面的になるということである。敢えて言うならば、インドシナ半島における、情報都市であり海上交通の中心がシンガポール、ASEANの国際分業の中心であり陸上交通の中心がタイという構図である。

（2）インドシナ半島における日系物流企業による新サービス
　インドシナ半島には、シンガポール、マレーシアはもちろん、タイ、ベトナム、さらにカンボジアやミャンマーに進出する日系企業も増えている。こうした日系製造業のこの地域への進出を背景に、この地域で新たな物流サービスを提供する日系物流企業が増えている。その新サービスの多くが陸上輸送であることが注目される。その背景には、輸送技術や機器における開発もあるが、一番大きな要因は、GMSプログラムによる陸上交通インフラの整備である。また、国内で飽和状態に達した日本の消費産業が大きな市場としてアジアに目を向け、進出をはじめたことも大きい。こうした日系企業の進出による新たな物流需要を見込んでの日系物流企業の海外展開はもちろんであるが、ヤマト、佐川急便のアジア進出は、

むしろ流通業と同じようにアジアの新たな市場を求めての進出である。

　この地域における物流の多面性を生かしたサービスの例が、2010年2月に日通がはじめた、「メコン・インドエクスプレス」と呼ぶタイ・インド間のトラック・アンド・シーの複合一貫輸送サービスである。バンコクとインドのチェンナイを海陸の複数の輸送モードを組み合わせて従来の全行程海上輸送によるサービスより1週間のリードタイムの短縮を実現する。バンコク・ポートクラン間をトラック輸送し、ポートクランから海上輸送でチェンナイまで運ぶというサービスである。これは、アセアン・インド自由貿易協定（AIFTA; ASEAN-India Free Trade Agreement）発効による物流需要の増加を見込んだ動きであり、今後、こうした新たなサービスが出てくるものと見込まれる。以下に日系物流企業によるインドシナ半島における新たな物流サービスの例を挙げた（表7）。

◆表7　インドシナ半島における日系物流企業による主な新サービスの例

企業名	サービス
ヤマト運輸	アジアで宅配事業展開。シンガポール、マレーシア、タイへも拡大予定。
佐川急便	ベトナム、シンガポールで宅配事業。
住友商事（SGL）	サーフ・ランド・エクスプレス（バンコク／ハノイ間トラック定期便） スーパー・ランド・エクスプレス（SLX） 　　　　　　　　　　　　　　（中国／ベトナムトラック定期便）
日本通運	メコン・インドエクスプレス（タイ／インド（陸海）複合輸送） オリエンタル・ランドブリッジサービス 　　　　　　　　　　（シンガポール／マレーシアトラック定期便） スターナイトエクスプレス（ハノイ／中国華南トラック輸送）
日本ロジテム	タイ・ラオス・ベトナム間トラック定期便
日新	タイ・ラオス・ベトナム間トラック定期便
商船三井	チェナイサービス （レムチャバン・シンガポール・ポートクラン・チェンナイを結ぶ新航路）
日本郵船	タイ・ベトナム・シンガポールサービス（新航路開設）

各種報道資料をもとに作成

6．まとめ

　インドシナ半島における物流網は、その経済発展と同時に急速な整備が進んでいる。特にタイを中心としたGMSのCLVM諸国（カンボジア、ラオス、ベトナム、ミャンマー）の発展が期待される。インドシナ半島の物流ネットワークは、東は中国、西はインドまで伸び、アジア全体を一つの経済圏として、それを物流ネットワークが支えることになる。物流ネットワークの整備により、インドシナ半島の国際分業は、垂直分業から水平分業へと変化し、最適地生産、最適地調達の実現に向かう。21世紀前半は、インドシナ半島における物流の新たな段階の始まりの時となる。

　しかし、インドシナ半島における物流が順調に拡大するためには、ASEANにおけるインフラの国家間格差、法制度の未整備、物流人材不足などの問題を解決しなくてはならない。こうした問題がネックとなり、この地域における物流の整備が一時的に停滞する可能性もあるが、中長期でみた限り、成長の流れは変わらない。

◉ **写真2**　貨物を屋根に載せ走行中のバス（ラオスの国道8号線）

著者撮影　2010.6

　インドシナ半島においては、今後陸上物流の役割が大きくなる。トランジットタイムとコストから考えて、陸上輸送に競合するのは海上輸送より、むしろ航空

輸送である。しかし、これは一定のパイから取り合いをするのではなく、パイが拡大して行く状況の中で、陸上輸送だけでなく、航空、海上輸送も増加することが見込まれる。

　2015年末に予定されているASEAN域内関税撤廃も秒読み段階であり、貿易の自由化がさらに進み、多品種少量生産が進む。同時に国際分業体制も進み、輸送ニーズにも様々なものが出てくる。こうした経済の発展、貿易の自由化と国際分業体制を多様な輸送モードと輸送ルートが支えていくことになる。つまり、多様な輸送モード、ルートが更なる物流の増大へとつながる。新しい物流サービスの登場が、さらに量的に且つ質的に物流を伸ばすことになる。物流企業にとっては、これからインドシナ半島を中心に中国、インドを視野に入れた激しい競争が繰り広げられることになるであろう。そこでの競争に勝ち残ったものがこの地域での地位を確立する。

　物流の問題は日系製造業にとっても重要である。日本の「モノづくり」を支えているのは非価格競争としての物流であり、サプライチェーンの重要な構成要素としての物流である。「物流を制するものが市場を制する」といわれる。

第1章

タイ
― インドシナ半島における陸の物流拠点

1．はじめに

　インドシナ半島においてタイは急速に産業集積度が高まっている国である。特に自動車産業において、東洋のデトロイトと称されるまでに発展している。例えば、トヨタのピックアップトラックは、部品の調達はすべてASEAN域内からであり、日本からの調達は一切ない。これらをタイに集めてタイでアッセンブル、完成車はレムチャバン港からオーストラリアや南アフリカなどへ輸出される。タイ日産は、2010年からタイで製造した新型マーチを、日本を含むアジア（中国、インドネシアは除く）、オーストラリアへ輸出をはじめた。他にもタイで製造された自動車を日本に逆輸入するメーカーも出ている。その結果、タイは自動車生産において世界のトップ10に入るまでになった。ちなみにタイにおける日本車のシェアは90％に及ぶ。このように、自動車に例をとるなら、ASEAN諸国及びタイ国内から、また一部はASEAN域外から部品・原材料を調達、タイにおいてアッセンブルし、完成車をタイ国内、ASEAN域内及び世界に輸出するという構図になっている。

　自動車をはじめとした日系製造業を中心とした海外からの投資によってタイの経済は急速に発展した。2009年にはリーマンショックの影響で、一時的に大きく落ち込んではいるが、2000年以降の経済成長率を単純平均すると5.8％と大きな伸びを示している（図１−１）。

　近年の経済発展により所得が向上し、消費市場としても注目されている。日本での少子高齢化や長く続いた景気低迷によって縮小する消費を背景に、これまで製造業が中心であったタイへの進出が、最近は、小売や外食などの内需型産業の進出が目立つようになっている。こうした状況を背景に、タイでは低温物流への需要が急速に高まっている。また、タイを中心としたインドシナ半島の最近の特徴の一つは、東西、南北、南部回廊を利用した越境物流である。こうした越境物流の中心にタイがあり、タイは、インドシナ半島における陸の物流拠点・ハブになりつつある。

　タイを物流面からその変化を捉えると、次の３点が挙げられる。①日系企業のタイへの進出における、自動車を中心とした製造業から流通・小売りへの重心の移動、つまり物流の点からは、産業物流から商業物流への移動と言い換えられる。②低温物流の需要の拡大。③越境物流の拡大。ここでは、これらの点を中心に、

現代のタイを物流の視点から描いた。タイの国際、国内輸送の現状についてもまとめた。その際、タイの国際輸送の特徴といえるメコン川を利用した河川輸送について少し詳しく述べる。

図1-1　タイのGDP成長率推移　　　　　　　　　　　　　　　　　（％）

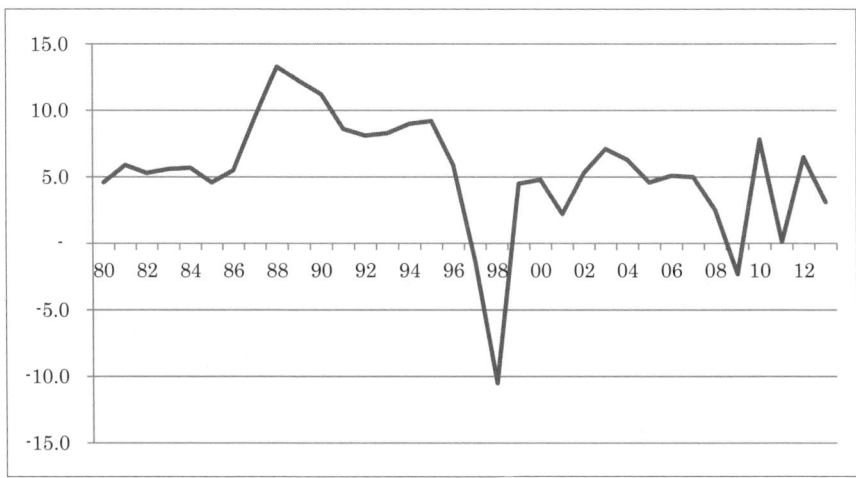

出所：IMF World Economic Outlook Database 2013.10
2013年数値は予測値

2．国際輸送

　タイの国際輸送量は、約20億トン（2009年）であり、そのうち海上輸送が89％（レムチャバン港が約70％、クロントイ港が約30％）、トラック輸送が10％を占め、鉄道輸送、航空輸送は、それぞれ188千トン、623千トンとその輸送量は僅かである。トラック輸送のうちの90％以上がタイ・マレーシア間の輸送であるが、近年タイ、ベトナムを中心に、ラオス、カンボジアなどマレーシア以外の近隣諸国とのトラックによる輸送が増えている。まだまだ、量的には少ないが、日通やSGL（Sumitomo Global Logistics／住友商事）など、東西回廊を利用したバンコク・ハノイ間のトラックによる定期輸送を開始するなど新しいサービスが生まれている。SGLのサービスは、バンコクを出発し、40フィートコンテナを利用して、ラオスの国境の街、サワナケートで積み替えハノイまで2泊3日で輸送するという

27

ものである。今のところ週1便程度の運行で、日系企業が主要顧客である。

◆表1-1　タイモード別国際輸送（2009年）　　　　　　　　単位：万Tons

	輸入		輸出		輸出入合計	
	万Tons	%	万Tons	%	万Tons	%
船舶	90,702	88%	91,717	91%	182,419	89%
トラック	12,142	12%	9,122	9%	21,264	11%
鉄道	24	0%	164	0%	188	0%
航空	226	0%	397	0%	623	0%
合計	103,094	100%	101,400	100%	204,494	100%

出所：The Ministry of Transport（www.mot.go.th）

図1-2　インドシナ半島経済回廊

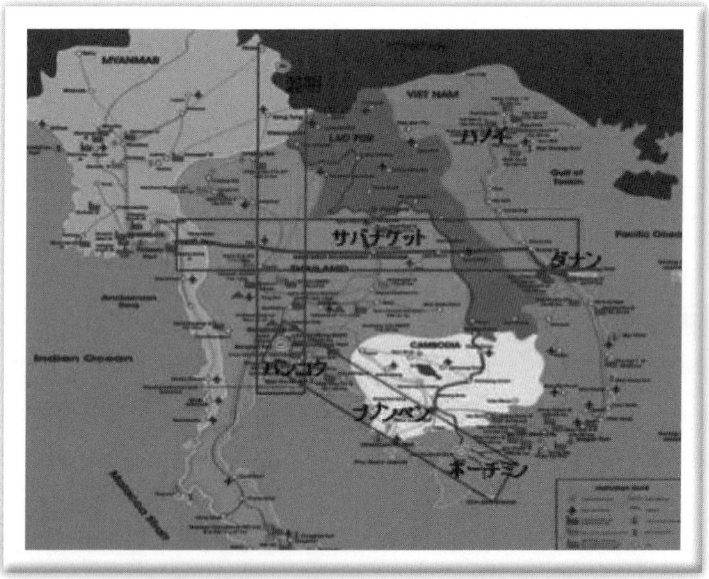

◆表1-2　インドシナ半島経済回廊

東西回廊	ダナン（ベトナム）／サワナケート（ラオス）／ムクダハン（タイ）／モーラミャイン（ミャンマー）	1,500km
南北回廊	昆明、景洪（中国）／ルアンパバーン（ラオス）／チェンライ、バンコク（タイ）	2,000km
南部回廊	ダウェー（ミャンマー）／バンコク／プノンペ（カンボジア）／ホーチミン（ベトナム）	内陸ルート（国道5号線）640km 沿岸ルート（国道48号線）630km

　これまでASEAN諸国は、シンガポールを中心にした海上輸送が中心であったが、東西回廊、南北回廊、南部回廊を利用したトラックによる輸送が増え、輸送の多様化が進展している。日通は、タイからマレーシアへトラックで運び、マレーシアからインドへは海上輸送を利用するという海陸複合輸送サービスをはじめている。今後はこうした、様々な輸送モードを組み合わせた新たな複合一貫輸送サービスが登場すると考えられる。

　ミャンマーが本格的に加わったことで、ミャンマー国境で止まっていた、東西回廊や南部回廊がミャンマー国内に通じ、そこからインドにつながる。ミャンマーの市場への参加の意味はタイにとって大きい。ミャンマーの貿易の60％はタイ、中国、インドの3ケ国で占められている。タイにとって、ミャンマーを経由することでインド洋につながる意味は大きい。すでに日通は、バンコク（タイ）からメソート（タイ側国境）、ミャワディ（ミャンマー側国境）を経てヤンゴンへ至る陸路960キロメートルのサービスをはじめたと発表した（2013年7月）。従来のシンガポール経由では3週間ほどかかっていた輸送日数が4日間に短縮されるという。近鉄エクスプレスや鴻池運輸などもタイ・ミャンマー間の陸路サービスを検討中である。こうして、陸のASEANはインドシナ半島にとどまらず中国からインドまでを含んだ物流ネットワークが形成されつつあり、その中心にいるのがタイである。東西回廊は、ベトナムからタイを経てミャンマーへ、南北回廊は、中国雲南省とバンコクを結び、南部回廊はベトナムのホーチミンからタイを経てミャンマーのダウェーを結ぶ。シンガポールが海の拠点であることは今後も変わ

りないが、加えてインドシナ半島にとどまらず、陸のアジアの物流拠点、ハブとしてタイがその地位を固めつつある。

■ 図1-3　レムチャバン港コンテナ取扱量推移　　　　　　　　単位：千TEU

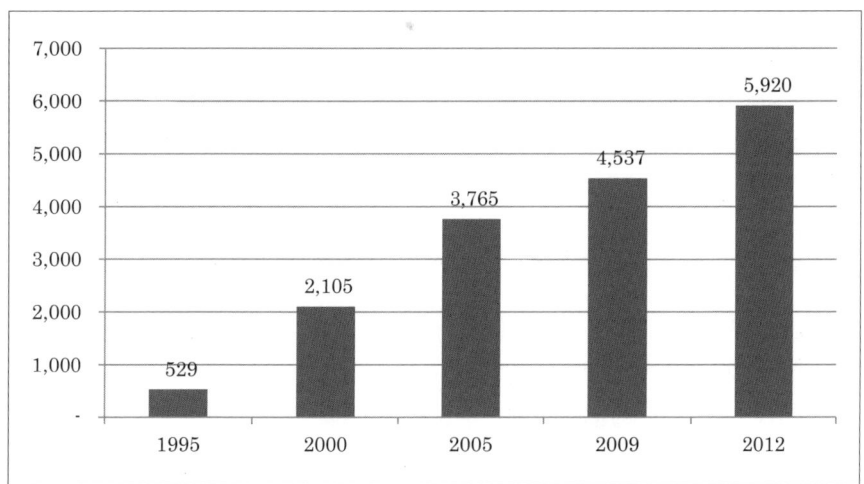

出所：Contaierisation International Yearbook

　海上輸送の拠点である港について触れておく。先述の通り、国際貿易港としては、バンコク港とレムチャバン港がある。その重心は、大深水港であるレムチャバン港に移っている。ここでは、JETROの資料を基に、バンコク港とレムチャバン港について概観する。

＜バンコク港＞
　バンコク港は、クロントイ港としても知られている。バンコクのクロントイ地区のチャオプラヤ川の西端に位置している。2つのコンテナターミナルおよび合計84のバースを有する。河川港であるため、水深は約5～8メートルと浅く大型コンテナ船の入港は難しい。年間コンテナ取扱能力は110万TEUである。ビジネスの中心地に近く便利な場所に立地しているが、道路の混雑が効率性を妨げている。

<レムチャバン港>

　レムチャバン港は、タイの経済発展に伴う貨物需要の伸びに対応するために建設された。バンコクから110キロメートル離れたところに位置しており、タイにおける最大かつ主要な国際深水港である。2013年の世界のコンテナ港のコンテナ取扱量では、レムチャバン港は約604万TEUで世界第22位となっている。同港は、タイの主要な工業団地の一つであるイースタンシーボード工業団地をはじめとするタイ東部の工業地帯に近接している。広さは約10平方キロメートル、最大水深は約16メートルあり、5カ所の主要コンテナターミナルを備えている。これらの5カ所のターミナルでレムチャバン港のコンテナの80％以上を扱っている。年間コンテナ取扱能力は約1,080万TEUとなっている。アクセスとしては、レムチャバン港自体は高速道路網、鉄道、および水路に連結しているため、タイの他の地域のみならず近隣の諸国へのアクセスも便利である。タイ政府の奨励策によって、レムチャバン港は1996年からタイの主要港とされ、同国の多くの輸出入貨物を扱っている。また同港は国際基準に沿った危険品積み荷用倉庫、火災被害防止センターなども設置している。

　タイでは、主要港湾の容量を強化することを目指すべく、レムチャバン港では拡張計画が策定されている。具体的には、レムチャバン港のコンテナ取扱能力を、現在の1,080万TEUから1,800万TEUに拡張するため、7年間にわたる総額31億ドルの投資が行われている。現在、三段階の開発計画の第二段階にある。近年、タイにおける国際貿易は鈍化傾向にもかかわらず、同国のメイン港としてのレムチャバン港については、依然プラス成長の見通しが示されている。

3．国際河川輸送

　タイの物流の特徴の一つに河川輸送がある。一つは内陸水運、つまり、チャオプラヤ川を使った河川輸送である。チャオプラヤ川は、これまでタイの動脈としてタイの農産物の輸送において重要な役割を担ってきた。もう一つはメコン川を使った国際河川輸送である。メコン川を使ったタイと中国の物流ルートだ。この河川輸送におけるタイ側の港が中国語で清盛港と表記されるチェンセン（Chiang Saen）港だ。タイ北部の国境に近い街では中国語の表記が併用された看板が目につく。チェンセン港は、中国語で清盛港と書かれる。また、チェンセン港から下

流に60キロメートル下ったところにあるチェンコン港は、主にタイとラオスの交易が行われている。ここでは、メコン川を利用したタイと中国の河川輸送の中心である清盛港、及びタイとラオスの交流拠点であるチェンコン港についてまとめた。

(1) チェンセン (清盛) 港

　チェンセン港は、タイ、ミャンマー、ラオスの3国がメコン川で接する、いわゆるゴールデントライアングルから南に10キロメートル程下ったチェンセンの街の郊外に位置するメコン川の河川港である。中国雲南省とタイ北部を結ぶタイ側の物流拠点となっている（図1-4）

　チェンセン港は、メコン川流域の中国南部の雲南省からタイを経由してラオスへとつながる中国とラオスの間に位置する。中国南部の主要港は、思茅港、景洪港、開累港があり、ラオスには、ファイサイからルアンパバーンへとつながる。思茅港からラオスのルアンパバーンまでは886キロメートル、チェンセンから思茅港へは約400キロメートル、一番近い中国の開累港までは265キロメートルある。チェンセン港と開累港の間は、下りで約12時間、上りで約3日必要とする。

図1-4　中国・雲南省〜タイ〜ラオスのメコン川主要港

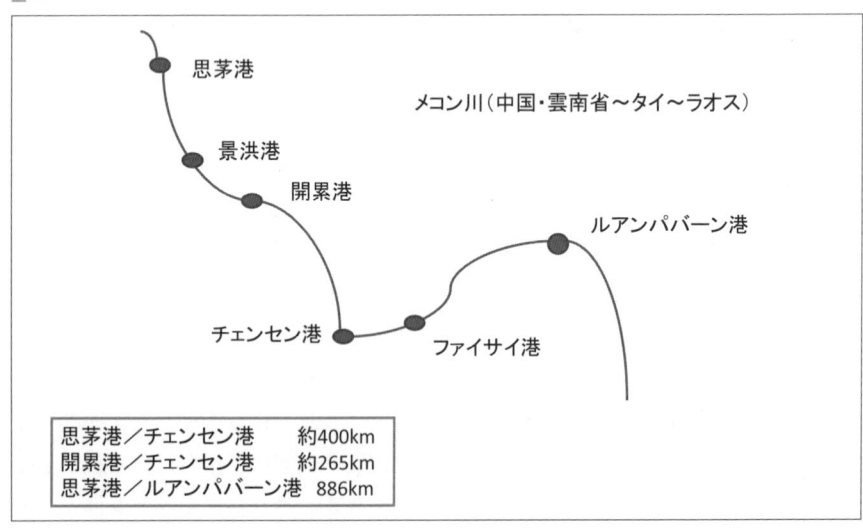

10数年前から中国雲南省とタイ北部の貿易量が急増し、これに合わせて中国側は、メコン川の浚渫により乾季にも150総トン程度の船の通航の確保を図っている。また、タイ側は、チェンセン港の整備、拡張を図った。河川港であるチェンセン港は、岸壁の位置が低く、また船側に十分なスペースがなく、トラックが船側につけられない。そのため、人の手で貨物を1個ずつ運ぶという旧態依然とした荷役に頼っていたが、2010年には、一部岸壁が整備されており、その岸壁では、ある程度の荷役のスペースを確保するとともに、船側までトラックを横付けすることが可能となった（**写真1-1**）。2015年には、すでに岸壁全体がコンクリートで整備されていた（**写真1-6**）。整備された岸壁に荷役設備はなく、揚げ積みの荷役作業は、今も人海戦術だ（**写真1-2・1-3**）。また、岸壁まで、ローラーを使って貨物を岸壁まで運ぶ施設も整えられている（**写真1-4**）。岸壁が整備された結果、貨物取扱能力は従来に比べ凡そ4倍になったとみられている。

　チェンセン港では、通関や入出国の手続きも可能である。整備された港にはポツンと真新しい立派な税関庁舎がある（**写真1-5**）。

◉ **写真1-1　一部整備された岸壁**

著者撮影　2010.5.8

⦿ **写真1-2** 岸壁での荷役作業風景（2010年）

著者撮影　2010.5.8

⦿ **写真1-3** 岸壁に接岸・荷役中の中国船（2010年）

著者撮影　2010.5.8

⦿ **写真1-4** 岸壁まで荷物を下ろすためのローラー設備

著者撮影　2010.5.8

◉ **写真1-5　真新しい税関庁舎**

著者撮影　2015.2.24

◉ **写真1-6　チェンセン港（2015年）**

著者撮影　2015.2.24

　チェンセン港と中国雲南省の港を結ぶ航路に就航する船のほとんどが中国の船舶である。100総トン程度の船舶が中心である。雨季には、もう少し大きな船が投入されるといわれる。一応、乾季でも150総トンの船まで通航可能という。河川用の船で喫水の浅い船型である。荷役は、在来型の人の手による方法である。荷役設備というものは一切使っていない。移動式のクレーンがあり、輸出用の車の積み込み作業などはこのクレーンが使用されるようだ。整備された岸壁でも、カートンの貨物は1個ずつ人手によって積み込まれる。

（2）チェンコン港

　チェンコン港は、チェンセン港から60キロメートル下流に位置する。チェンセン港が中国交易の拠点であるのに対してチェンコン港は、ラオスとの交易のための港である。2013年にタイ・ラオス間の国際橋が開通した。これにより、メコン川を渡るのにボートを使うことなく、大型トラックがラオスに渡れるようになった。もっとも、タイのトラック、シャーシは中国には乗入れられないため、ラオスでシャーシを変えなければならない。中国からは車のタイへの乗り入れが可能なこともあって、観光目的の中国車が目立つ。片側４車線の国際橋（**写真１-７**）は有料であること、また、手続きも手間がかかることもあり、利用するのは主に中国向け貨物トラックである。ラオス向けの貨物は、相変わらず従来のチェンコン港を利用している。チェンコン港は、旅客の用の岸壁、少し離れた場所に貨物岸壁がある。旅客用岸壁でも雑貨などは旅客用の小舟に積み込んで対岸のラオスに運んでいる（**写真１-８**）。また、貨物岸壁ではセメントなどの産業資材が、積み出される。多くは、ハウスボートといわれる生活のための居住区を有する船である。荷役設備はなく、セメント袋を担いでトラックから船へ運ぶのは（**写真１-９**）、すべて人力である。

◉ **写真１-７　タイ・ラオス国際橋**

著者撮影　2015.2.24

◉ **写真1-8　チェンコン港旅客岸壁での貨物積み込み風景**

著者撮影　2015.2.24

◉ **写真1-9　チェンコン港のセメント荷役風景**

著者撮影　2015.2.24

（3）タイ北部と中国雲南省の貿易

　2003年10月に、タイ・中国の両政府が野菜、果物など84品目の関税を相互に撤廃したこともあり、近年農産物の貿易が急速に拡大している。2006年のチェンセン港の貨物取扱量は約17万トン、2年間で2倍以上に増えたという。タイ北部と中国雲南省の貿易額は、凡そ2億ドル（2006年）。10年でほぼ30倍になった。タイと中国全体の貿易額は、輸出入合わせて252億ドルであるから、メコン川による貿易は、まだ全体の1％にも満たない。しかし、その貿易は急激に伸びており、タイ北部にとって重要な物流ルートとなっている。

　開累港からチェンセン港へは、リンゴやミカンをはじめとする農産物、タイ側

から中国へは、ロンガン等熱帯果物や衣類用のゴム紐などが輸出される。バンコクに隣接するパットンタニ県には「タラー（ト）タイ」という最大の市場がある。ここでは、野菜や果物を中心に生鮮品が取引される。ここに並ぶミカンなどは、従来はタイ産だったが、現在はほとんどが中国産に置き換わった。こうした果物のかなりのものが、チェンセン港経由で入って来たものと考えられる。

石油製品などの太宗貨物の一部もこのルートで輸送されている。例えば、タイ石油化学大手IRPCは、中国の西双版納ガス石油（XGPI）に石油を納品している。毎月10万リットルを陸路、水路両方を使って輸送している。

タイ、特に北部地域にとって中国雲南省との結びつきは深い。今後、メコン川ルートによる貿易は増加すると見込まれる。また、チェンコンの国際橋の開通で、タイ北部と雲南省の交易はますます拡大することが見込まれる。

（4）メコン河川輸送の今後と課題

2000年にタイ、中国、ラオス、ミャンマーの4ケ国は、「瀾滄江（メコン上流）・メコン川商船通航協定」を締結、これにより、4ケ国の船舶は、思茅港からラオスのルアンパバーンまでの886キロメートルを自由に航行できるようになった。しかしながら、現在就航している船舶は、ほとんどが中国船である。また、ここでの輸送の中心は、チェンセン港と雲南省の各港である。まだまだ、ラオスの港の貿易量は小さい。チェンセン港に見られるように、荷役は人海戦術である。人件費が安く機械化のための投資より人件費のほうが安いということだが、輸送量が増加した時には、荷役も効率化が求められることになると推察される。それ以前に、河川通航のため、輸送量の増加に対応するための船舶の通航の問題がある。雨季と乾季の通航可能船舶の違いがあり、乾季には最大150総トンの船舶しか航行できないため、先述のIRPCのように船舶だけでは対応できないため陸上輸送と併用していることに見られるように、太宗貨物の輸送が今後、このルートのボトルネックとなる可能性は否定できない。しかしながら、今後も輸送は伸びると見込まれ、当面は、多くの物流ルートの一つとしてその地位を確たるものにすると思われる。

4．国内輸送

　タイの国内輸送量は、約5億トンである（2009年）。輸送モード別には、トラック輸送84％、鉄道輸送2％、河川輸送8％、沿岸輸送6％、航空輸送は、103千トンで1％未満である（**図1-5**）。

　また、トンキロベースでの、タイ国内物流の輸送モード別割合を見ると、トラックによる輸送が91％と圧倒的に多い。以下、鉄道輸送3％、河川輸送2％、沿岸輸送4％、航空輸送0％である（2005年）。日本のトンキロベースの割合が、トラック輸送56％、内航海運40％（2010年）と比べると、島国で海岸線の長い日本に比べ、タイでは内航海運の割合が少ない。一方で、河川輸送の存在に特徴がある。河川輸送の中心はチャオプラヤ川とパサック川で、この二つでタイの国内河川輸送全体の98％を占める。タイの国内輸送の中心はトラック輸送である。また、トンキロベースのデータから、トラックがかなりの長距離輸送も担っているといえる。ちなみに、タイのトラック輸送の1トン当たりの平均輸送距離は2003年の239キロメートルから2007年の423キロメートルへと、近年、長距離化が急速に進んでいる。日本のトラック輸送の平均距離は48キロメートル（2013年）と比べるとタイのトラック輸送の距離の長さが際立っていることが分かる。これは、鉄道インフラの遅れというより、鉄道貨物輸送についてはほとんど手付かずの状態にあるためである。地下鉄やスカイトレインなど公共交通の整備によってバンコク市内の交通渋滞は、多少緩和された。また、スワナプーム国際空港とバンコク市内を結ぶエアポートリンクも開通したが、これらはすべて人の移動を目的としたものであり、貨物輸送は念頭ない。人の移動においても長距離移動は、航空機かバスという選択になる。タイ国鉄による鉄道サービスはあるが運行本数も少なく利用者は多くない。バンコク・チェンマイ間、約500キロメートルの鉄道による所要時間は約14時間、時刻表通りに運行されることは少なく、遅れるのが普通であり、実際は16〜18時間かかる。バスの方が運賃は安く、早く着く。タイにおける鉄道による国内貨物輸送について考える余地は今のところなさそうである。ちなみに、バンコク・チェンマイ間を走る列車は、日本のブルートレインの車両が使われている。

　タイでは国内輸送におけるトラックへの依存率が非常に高く、過度に依存していると言える。その結果、バンコク市内には車が溢れかえり、交通渋滞が日常化

している。バンコク市内では日中のトラックの通行規制が実施されている。AM 6 時～9 時、PM16～20時の通勤時間帯は 6 輪車以上の乗り入れが禁止されている。このため、小売業者は、配送を夜間主体にしかできない。物流の効率低下の原因がトラックに過度に依存する輸送システムにある。2007年11月にバンコクの外環状道路が完成し、バンコク市内を避けて貨物輸送が可能になり若干は渋滞が緩和された。

　日系を含む外資系小売業者は、自社または外資系の物流会社を起用、配送センターや配送会社を設けて、物流管理を行っている。但し、単純なトラックによる配送は下請けの現地企業を起用している場合が多い。しかし、現地の物流企業の多くは、労働賃金が低いことから料金は安いが、低温物流における温度管理の不徹底や、品減りの問題など高度な管理の必要な貨物の取り扱いに関して、その品質面で問題があるなどの理由から外資系物流業者を起用するケースが多い。

■ 図 1-5　タイの国内における輸送モード別輸送割合（2009）

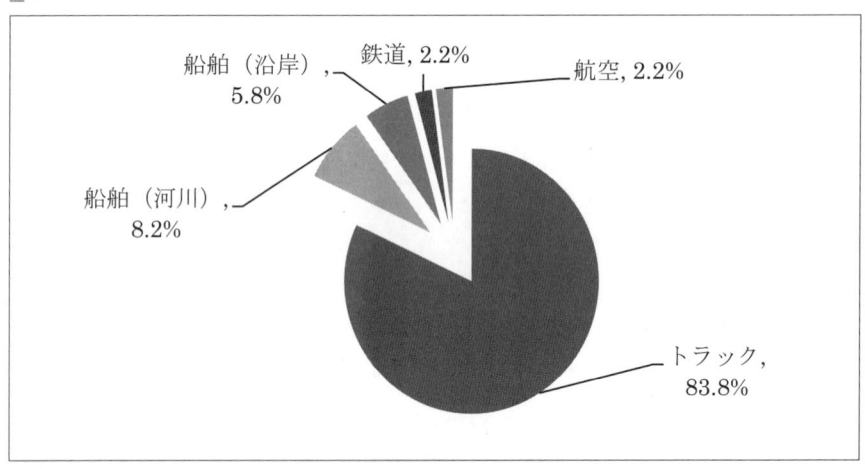

出所：The ministry of Transport（www.mot.go.th）

● 写真1-10　チャオプラヤ川を航行するバージ

著者撮影

5．タイの物流動向

　最近のタイにおける物流動向として、ここでは2つを挙げる。一つは、日系物流企業にとって、タイの物流は産業物流としての自動車物流から商業物流へ重点が移動しつつあるということ。もう一つは、タイにおける低温物流需要拡大への対応である。

（1）産業物流から商業物流へ

　タイにおける日本車のシェア90％に見られるように、タイ及び東南アジアでは日本車が圧倒的な強みを見せている。一方、流通・小売りではBIG-C、テスコやマクロなど欧州系企業が中心である。こうした外資系メーカーや流通業の物流需要に応えられる地場の物流企業は見当たらず、日系企業は日系物流企業に、欧州系企業は欧州系物流企業に依存するという構図ができ上がった。結果として、自動車物流は日系物流企業の独壇場となり、商業物流はDHLを中心に欧州系物流企業が担うという形になっている。ただ、欧州系物流企業が本格的に商業物流に参入したのは1997年のアジア金融危機以降のことである。それまで、流通業は、BIG-Cやカルフール（現在はBIG-Cに吸収）、テスコなどの出資比率は小さく、地場資本による支配体制にあった。アジア金融危機をきっかけに、地場資本が比率を大きく下げ、BIG-C、カルフール、テスコが経営の主導権を握るに至り、物流面でも欧州流の物流管理体制を構築していった。現在、タイにおける商業物流において圧倒的な存在感を出しているのがDHLである。元のカルフールを含めた

BIG-Cはじめ、テスコやマクロの一部などほとんどの流通業の物流に関与している。こうした事情を背景に、タイの物流は、日系の自動車物流、欧州系の商業物流という構図ができていた。しかし、その構図に変化の兆しが見えてきている。日本の小売や外食産業の進出が相次いでいるからだ。イオンは、1985年にタイに進出したが、1991年の大型ショッピングセンターで躓き、食品スーパーに業態を絞り細々と運営してきたが、ここにきて積極的な再進出を計画している。毎年40～60店舗の出店で、2016年までに200店舗に増やす。外食では、つぼ八が、2013年10月に１号店をオープンし、３年間で30店舗に拡張する計画を持つ。また、CoCo壱番屋や大戸屋も進出している。こうした小売や外食産業から日系物流企業に対して商品の保管や配送のニーズが急激に高まっている。こうした状況を背景に、これまでの商業物流、イコール欧州系物流企業という構図が変わりつつある。日系物流企業にとっては大きなビジネスチャンスである。

■ **<参考>** BIG-Cと配送センター

> BIG-Cは、タイ資本（セントラルグループ）とオーストラリアのDavid Holdingが主要株主であった。アジア金融危機後の1999年にフランスのCASINOグループが買収、以降、物流網を整備、DHLの配送網を利用した現在の体制ができ上がった。カルフールがタイから撤退するに当たり店舗は、BIG-Cが吸収した。
> DHLによる、BIG-C配送センターは、2000年操業開始。2005年RFIDを使ったシステムの運用開始。ドライフード及びフレッシュフードを扱う面積は５万６千平方メートル。オーダーは１日１回。配送トラックは、１日当たり、ドライフード220台、フレッシュフード80台、入荷トラック400台という大型配送センターである。

◉ **写真1-11** タイの自動車部品物流センター・Picking rack

著者撮影

（2）低温物流の需要拡大

　現在、タイでは低温物流の需要が急拡大している。こうした需要の拡大を受けて日系物流企業による低温物流施設の整備が進められている。低温物流需要の拡大の背景として、先述の日系の小売、外食産業の進出をその一つとして挙げることができる。小売りや外食産業では当然のことながら冷凍・冷蔵食品を扱うからである。もう一つの背景は、タイにおける所得向上により生活が豊かになったことによる西洋化など食生活の変化が挙げられる。こうした需要を見込んで、日系物流企業によるタイでの投資が相次いでいる。

　現在のタイにおける冷凍・冷蔵施設を運営する物流企業は、136社あると推定される。冷凍・冷蔵施設のキャパシティは推定51万トン、2014年7月にニチレイロジが2万2千トンの施設を稼働、2014年で54万トンのキャパシティとなった。日系企業では、ヨコレイの7万2千トン、五十嵐物流の3万3千トンの他、鴻池運輸やバンコク・コールドストレージ・サービス（BCS）などが冷凍・冷蔵施設を運営している。日系事業者の合計キャパシティは、ニチレイロジの参入時点で14万トンになり、タイにおける施設全体の約26％を占める（**図1-6**）。その後も、日系物流企業による冷凍・冷蔵施設増強の動きは続いている。

　また、タイ郵便（タイポスト）も低温物流に注力している。タイでも年々郵便物の取扱量は減少している。タイ郵便の収益源の70～75％が郵便部門、物流部門は10％程度、残りが金融及び小売り部門である。タイ郵便は、今後さらに郵便物の取扱量は減少すると見込んでおり、2010年7月30日付けのバンコクポストによ

ると、物流部門を強化し、2015年には、物流部門の売上比率を20%程度にまで引き上げたいということだ。その一環として1億5千万バーツを投じて全国12ケ所の郵便集配センターに300平方メートル規模の冷蔵倉庫を建設し、低温物流サービスを開始した。商業省や農業省など主に政府機関の低温物流を主に引き受けるとしており、民間企業との競争はしないと言っているが、成長する低温物流市場にあって日系物流企業だけでなく地場企業も含めて競争の激化は避けられない。

■ 図1-6　タイにおける冷蔵倉庫のキャパシティのシェア（%）

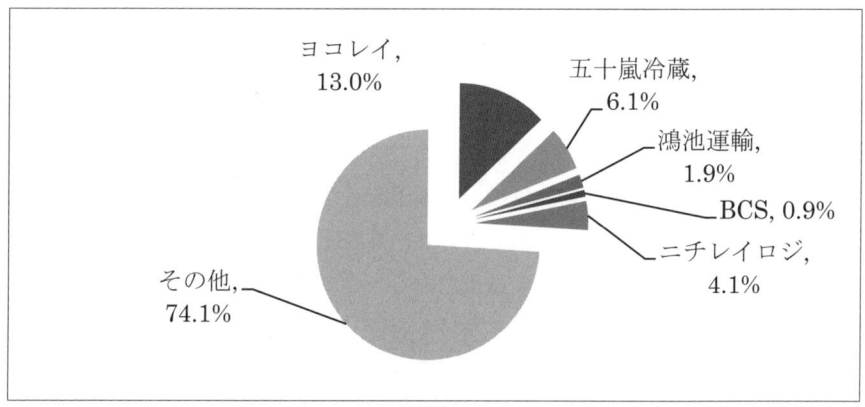

- ヨコレイ, 13.0%
- 五十嵐冷蔵, 6.1%
- 鴻池運輸, 1.9%
- BCS, 0.9%
- ニチレイロジ, 4.1%
- その他, 74.1%

出所：各種報道記事から著者作成
　　　ニチレイロジ（2014.7開業）を見込んだ推計値

　低温物流は、冷凍・冷蔵施設だけで成り立つものではない。これらの施設での保管に加えて、輸送、配送及び陳列や在庫管理など小売り事業者との連携関係も必要である。こうした一連の管理体制をコールドチェーンと呼ぶ。ここでは、コールドチェーンについて簡単に整理した。
　コールドチェーンとは何かについて、Luis Ruiz-Garciaは、その著書"Development of Monitoring Systems for Cold Chain Logistics" LAP（2010）で、次のように述べている。
　『コールドチェーンとは、腐敗しやすい物および他の温度管理の必要な製品を安全で、健全で、よい品質の状態で生産から消費まで確実に届ける、一連の相互依存の設備およびプロセスである。言い換えれば、それは温度変化に敏感な製品

のサプライチェーンである』(著者訳)

　現代においては、コールドチェーンは、食品に限定しない。果物、野菜、生花、鮮魚、肉類及び日配品の一部や薬品、血液、ワクチン、臓器などの医療関連、さらに化学品やマイクロチップなどの電子部品など多岐にわたる。日本をはじめ先進国においては、食品以外の医療関係や化学品の分野で、よりコールドチェーンのニーズが高まっている。

　コールドチェーンを一言でいえば、「温度管理の必要な商品のサプライチェーン」ということである。現代において、経済のグローバル化に伴い、サプライチェーンもグローバル化しており、東南アジアでのニーズが高まっている。その背景には、国民所得の向上が大きく関係している。言い換えれば、コールドチェーンの需要はその国における所得と深い関係があるということである。

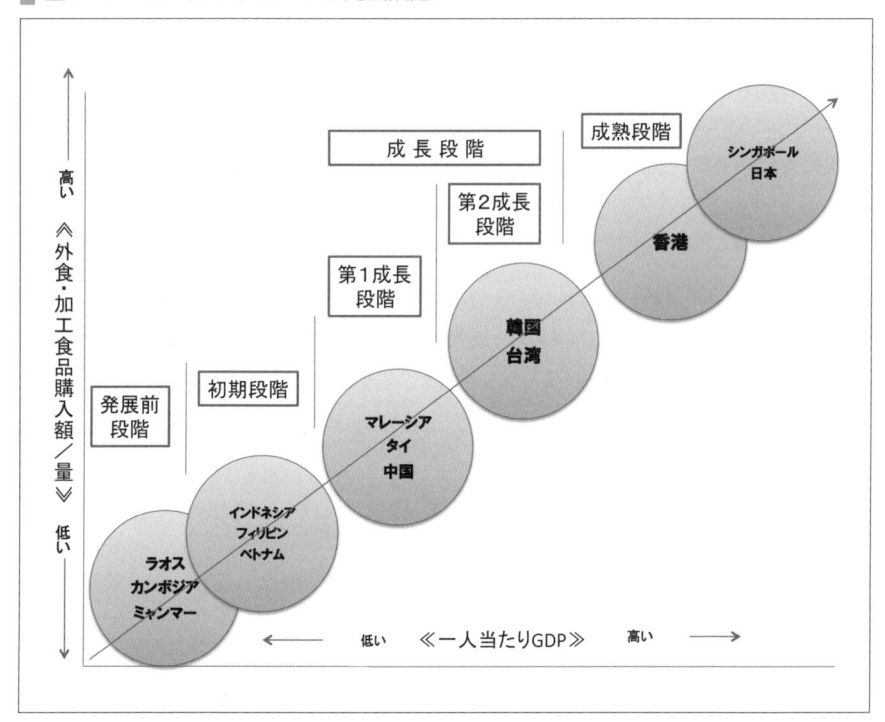

図1-7 コールドチェーンの発展段階

出所：森隆行・石田信博・横見宗樹「コールドチェーン」晃洋書房（2013）

　コールドチェーンの発展段階は発展前段階、初期段階、成長段階、成熟段階の4つに分類できる。成長段階はさらに、第1段階と第2段階に分けられる。これをその国の一人当たりGDPと関係付けたものが（図1-7、表1-3）である。第2成長段階にある韓国、台湾は成熟段階に近づきつつある。第1成長段階が、低温物流需要の拡大する国である。タイは今、まさにこの段階にあることがわかる。このことから現在のタイの低温物流ニーズの高まりの説明がつく。これに続くのがインドネシアやベトナムである。発展前段階のラオス、カンボジア、ミャンマーにおける低温物流ニーズが高まるのはもう少し先になると推測する。

◆表1-3　コールドチェーンの発展段階と1人当たりGDP（2010／2013）

段　階		国・地域	GDP (2010)／人 (US$)	GDP (2013)／人 (US$)
成熟段階		シンガポール	49,270	55,182
		日　本	45,920	38,467
		香　港	34,048	37,955
成長段階	第2成長段階	韓　国	22,777	25,975
		台　湾	20,100	20,924
	第1成長段階	マレーシア	9,699	10,456
		中　国	5,413	6,958
		タ　イ	5,394	5,675
初期段階		インドネシア	3,508	3,509
		フィリピン	2,223	2,790
		ベトナム	1,374	1,901
発展前段階		ラオス	1,203	1,593
		カンボジア	851	1,028
		ミャンマー	831	1,113

出所：森隆行・石田信博・横見宗樹「コールドチェーン」晃洋書房（2013）、
　　　IMF World Economic Outlook（2012,2014）

6．まとめ

　タイを物流面から見たときに、要約すると次の3つの事がいえる。
①クロスボーダー（越境）輸送の増大に伴って、物流の要衝としてのタイの役割はますます重要になる。多様化するアジアの物流の陸の物流拠点としてタイが確固たる位置を築く。
②タイにおける日系物流事業者にとって自動車を中心としたメーカー物流が中心であったが、今後は流通、小売、外食などを対象とした商業物流が、より重要になる。
③低温物流への需要の高まりにより、アジア域内及び日本とアジアをつなぐコールドチェーンの構築が求められる。そのアジア側の中心はタイである。
こうした点から、タイは物流市場として魅力的な国である。商業物流や低温物流においては、日系物流企業は高い技術力を持っており、高まる高度な物流ニーズ

を背景にビジネスチャンスが広がることが規定できる国である。一方、競争は激化すると予想される。

　最後に、バンコクあるいはタイの将来の発展について触れる。竹村公太郎は「日本史の謎は「地形」で解ける」PHP文庫（2013）の中で東洋史学者宮崎市定の「交流軸の都市は栄える」を引用して「交流軸というインフラが都市の命運を握っている」と言う。この言葉を借りるならタイは、インドシナ半島の陸のインフラである３つの経済回廊の中心に位置し、まさに交流軸の上にいることになる。これまで、東南アジアは海上交通のみで結ばれていたといえる。その交流軸の上で発展したのが、かつてはマラッカであり、現代のシンガポールである。新たな陸の交流軸の上で今後発展が見込まれるのがタイであり、その首都バンコクである。政治的不安定さや0.6%という完全雇用状態からくる人材確保の問題などを抱えているが、中長期的に見て日本、あるいは日系企業にとってタイは今後も引き続き発展が見込め、その重要性はさらに強まると考えられる。

第2章

マレーシア
── グローバル・ハラール・ハブ構想で経済活性化を狙う

1．はじめに
（1）マレーシアとイスラム

　マレーシアの人口は、約2,800万人であり、決して多くはない。そのため労働力に限界があることから、これまでは、将来の発展を危ぶむ見方が多かった。しかし、マレーシアは、新たな発展の可能性を見出し、改めて魅力ある市場として注目を集めはじめている。その発展の可能性とは、アブドラ前首相によって進められたマレーシア経済のイスラム化である。具体的には、ハラール産業の育成及び金融のイスラム化の2つである。

　マレーシアの経済発展には2つの要因が挙げられる。外資主導による輸出型工業化、及びブミプトラ政策である。ブミプトラ政策によってマレーシア社会はイスラム化が進展していった。アブドラ前首相は、マレーシアがイスラム国であることを武器に、マレーシアをサウジアラビアをはじめとする中東諸国向けのハラール食品の輸出基地、食品産業のハブとすることでマレーシアの産業を活性化させようとしている。そのための政策が「グローバル・ハラール・ハブ」政策である。

　ここでは、ハラールを中心にマレーシアの産業を見てゆくこととする。ただし、イスラム金融に関しては別の機会に譲ることとする。最近、新聞などメディアでハラールが取り上げられることが多くなったが、まだまだハラールは日本ではなじみが薄い言葉であり、概念である。今日のマレーシアの社会、経済を語る上でハラールは欠かせない。そこで、最初にハラールとは何か。そして、今なぜハラールに注目するのか、及びハラール市場の規模について述べる。その後で、マレーシアにおけるハラールへの取り組みの現状を報告する。さらに、マレーシアのハラールへの取り組みが日本の企業にどのように関係するのか、及び日本企業のハラールへの取り組みについても紹介する。

　なお「Halal」の日本語表記で「ハラール」及び「ハラル」の2通りが使われている。ここでは、「ハラール」を用いた。但し、引用したものについては、原文の表記をそのまま使用した。

（2）今なぜハラールか？

　今、なぜハラールが注目されているのか。一言でいえば、ビジネスに結びつくからだ。具体的には、伸びない食品の国内市場からイスラム圏への食品市場の拡大が期待できるからである。

　イスラム圏人口は、世界の27％にあたる19億人に達していると見られる（2011年、16億人～19億人まで諸説ある）。その60％にあたる10億人以上がアジアに住んでいる。イスラム最大の人口を擁するインドネシアをはじめ経済の発展に伴う所得の向上、食生活の多様化により、その市場はますます拡大している。

　ハラール全体の市場規模は3.2兆ドルともいわれる。日本は、欧米、中国や韓国に比べてハラール対応において大きく後れを取っている。昨年、東南アジア向けの査証（ビザ）の発給要件が緩和されたことなどからマレーシアやインドネシアなどイスラム圏からの旅行者が急増している。また、2020年のオリンピックを控え、イスラム圏からの旅行者はますます増えることが見込まれている。こうした状況を背景に、2013年後半から、日本でもハラールへの関心が高まっている。

　成田空港、関西国際空港など空の玄関はもちろんであるが、大学においても学生食堂でハラールメニューを出すところもある（京都大学、立命館大学、岡山大学、金沢大学、東京大学、東北大学、名古屋大学、北海道大学、東京工業大学など）。

　新関西国際空港会社では、ムスリム対応を急いでいる。具体的には、祈祷室の設置と食事のハラール対応である。例えば、国際線の機内食向けのハラール専用キッチンを持つケータリング会社による団体客向けのハラール料理の提供、空港内のレストランにおけるハラールフレンドリーの促進などイスラム圏からの旅行者向けサービスの拡大である。

　ハラールの認証制度も確立されつつある。この制度は、かつてのISOのように将来大きな流れになると予想する。その流れをリードするのがマレーシアである。今やISOの認証を取得するのは当たり前である。日本でもハラール認証が今後3～5年以内に同様の状況になると考える。ISOと同様にハラールも製品の品質を保証するだけでなく、その過程を重視する。また、輸送やマネージメントに対しても認証するものである。日本でも、初期には食品などの製造業が中心になると思われるが、次の段階では、メーカーからの要請という形で輸送や保管といった

物流、あるいはマネージメントに対する認証取得の動きが出てくると思われる。そういう状況が予想される中で、同業他社に先がけてハラールに取り組むことで差別化を図り、競争優位に立つことが可能である。

ハラールへの対応は、イスラム圏とのビジネスのパスポートである。これから拡大の期待されるイスラムマーケットへのアクセスにはハラール対応が必須である。

2．ハラールとは何か

シャリア法（イスラム法）の定めにのっとって処理されたものをハラール（Halal）という。それ以外のものをハラーム（Haram）または、ノン・ハラールともいう。イスラム教が禁じる豚肉やアルコールなどを使わずに製造された食品、化粧品などを示す。牛肉や鶏肉であってもルールに従って処理されたものでなくてはならない。また、原料や製造ライン、保管、輸送、陳列、販売のすべての過程、つまりサプライチェーン全体においてノン・ハラールのものと物理的な分離が要求される。倉庫などの建物や土地、車両や販売施設なども含まれる。このように、ハラールは食品など「物」だけに適用される概念ではなく、物流、あるいはホテルやレストランなどのサービスにも適用される概念である。つまり、食品でいえば、生産（栽培・飼育のための肥料や飼料も含む）から消費に至るフードチェーン全体においてハラールであることが求められる（**図2-1**）。

図 2-1　フードチェーンの概念図

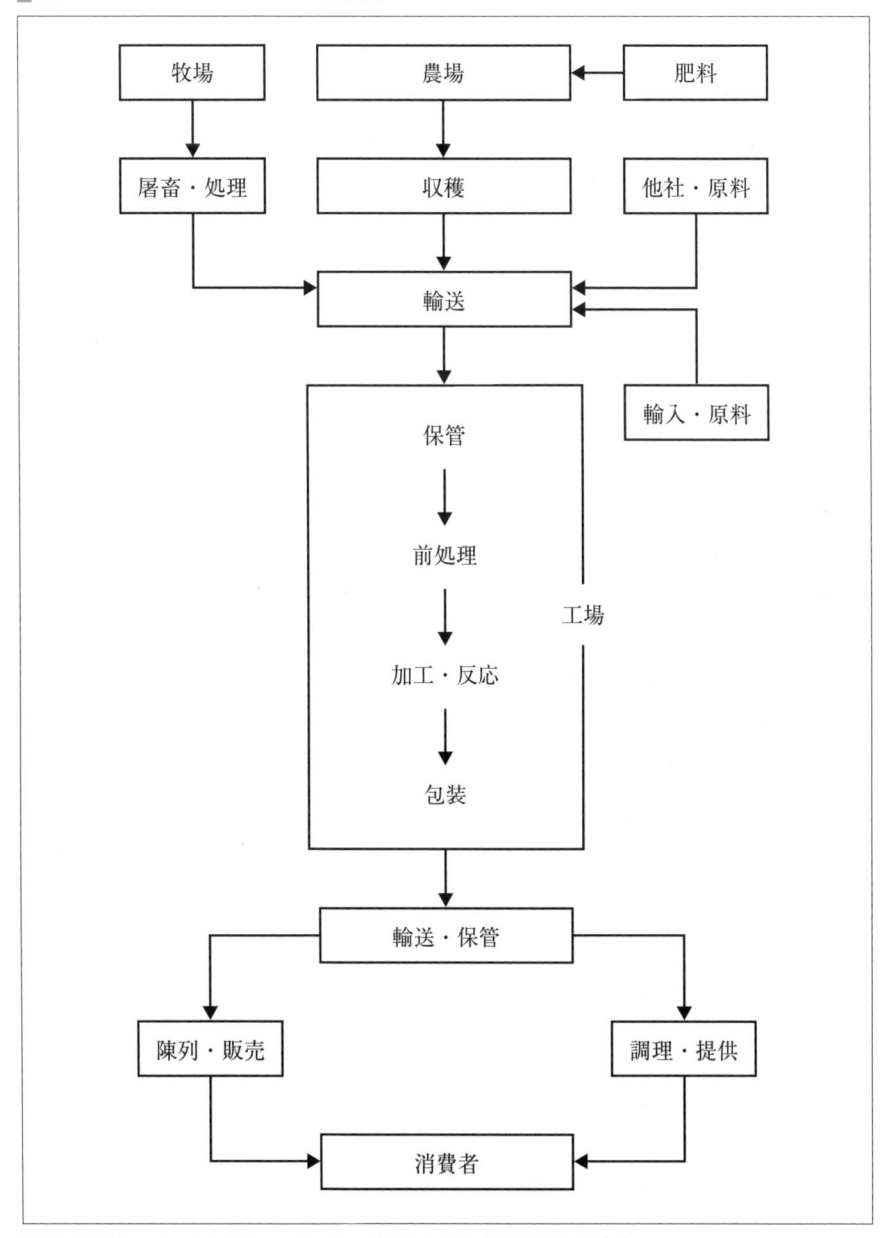

```
   牧場          農場  ←      肥料
    ↓            ↓
 屠畜・処理      収穫        他社・原料
    │            │            │
    └──────→ 輸送 ←──────────┘
                 ↓              ↑
         ┌───────────────┐      │
         │    保管        │  輸入・原料
         │     ↓          │
         │    前処理       │
         │     ↓        工場
         │   加工・反応    │
         │     ↓          │
         │    包装        │
         └───────────────┘
                 ↓
             輸送・保管
           ┌─────┴─────┐
       陳列・販売      調理・提供
           └─────┬─────┘
              消費者
```

出所：並河良一「ハラル食品マーケットの手引き」日本食糧新聞社（2013）

近年、ハラール対応に力を入れている新関西国際空港株式会社は、ハラールについて下記のように解説している。

「ハラールとは、イスラム法において合法という意味のアラビア語で、食に関してはムスリムが問題なく食することができるものを指します。一般的に豚・アルコール及びその派生品は禁忌され、それ以外の食材に関してもイスラム法に則って処理されることが必要であり、ハラールな食品とそれ以外の食品が接触することも禁じられています。」(2013.8.13 News Releaseから抜粋)

ハラールには各国で認証制度があり、認定されるとハラール・ロゴを使用することができる。ハラール認証制度はISOの認証制度と似た仕組みである。JASやJIS規格が、商品そのものを保証するのに対してISOはその過程を保証することで結果として商品を保証するという考え方が基本である。ハラール認証についても、結果としての製品だけでなく、その過程も重視される。また、商品だけでなく、サービスやマネージメントなどに対しても認証するという点においてもISOの考え方に近いといえる。ただし、日本においては、物流におけるハラール認証は、兵機海運が同社神戸物流センターにおいて日本ハラール協会から認証を取得した(2015年3月31日付)。続いて鈴江コーポレーションが「東京お台場流通センター」の倉庫で日本アジアハラール協会から認証を取得した(2015年4月22日付)。

◆ 表2-1　ハラールと認められるための主なルール

原料	・飼料をはじめとする原料もハラールのみではなくてはならない ・豚肉の派生品も使用不可 　　　豚脂→乳化剤(乳製品、乳飲料など) 　　　調味料(ラードなど) 　　　豚皮→ゼラチン(ゼリー、ヨーグルトなど) 　　　コラーゲン(サプリメント、化粧品など) 　　　内臓→酵素(食品製造工程での使用、医薬品など)
処理	・食肉処理は認証を受けたムスリムが行う
輸送	・ハラール食品の専用車を使う(非ハラール食品との混載は不可)
調理	・ハラール調理専用の場で行う ・調理器具などのアルコール消毒は不可
販売	・非ハラール食品とは隔離して販売する ・カートは非ハラール食品とは区別する

出所：山内昌之・大川玲子「イスラーム基本練習帳」大和書房(2013)

3．ハラール市場

　ハラール全体の市場は、3.2兆ドルあるといわれる。そのうち、食品、医薬品や化粧品が2.2兆ドルある（**表2-2**）。

　もっとも関心の持たれている食品は6千5百億ドル、化粧品・パーソナルケア用品・革製品が7千億ドルあり、そのほかにホテルやケータリングでの飲食関係、認証取得に関わるコンサルティングや金融、流通などのサービス業で1兆ドルある。その63%がアジアの市場である。ちなみに、世界の食品貿易は、およそ5千500億ドルであり、ハラール食品の占める割合は16%程度でおよそ900億ドルである。

　マレーシアのスーパーマーケットでは、ほとんどの食品にハラール・ロゴがあることに気付く。また、レストランでもハラール・ロゴを店の看板やメニューに掲示している。ハラール・ロゴのあるレストランに入ってみると、テーブルの上のソースやケチャップはもちろん、パンに添えられたバターにもハラール・ロゴがついている（**写真2-1、2-2**）。

◉ **写真2-1　レストランのバター（ニュージランド産）にもハラール・ロゴ**

著者撮影

◉ 写真2-2　レストランのケチャップにもハラール・ロゴ

著者撮影

　ちなみに、これらの商品の多くが輸入品である。つまり、マレーシアに食品を輸出しようとすればハラール認証を取得する必要があるということだ。オーストラリア、ニュージーランドやタイなどはこうした対応が進んでいる。中国や韓国からの輸入品もハラール・ロゴのついたものが多かった。一方、日本は完全に出遅れているようだ。

　マクドナルド、ケンタッキー・フライド・チキン、スターバックスなどグローバルに事業展開する企業はマレーシアやインドネシアではハラール認証を取得して店舗展開している。

◆表2-2　ハラール産業規模

	産　業	市場規模
製品 (2.2兆ドル)	食品（食材）	6,500億ドル
	医薬品	8,500億ドル
	その他（化粧品、パーソナルケア用品、革製品等）	7,000億ドル
サービス (1兆ドル)	食品（ホテル・ケータリング）、認証・コンサルティング・研修、金融、メディア、流通、観光	1兆ドル

出所：日本ハラール協会「ハラール管理者講習会」資料等を基に作成

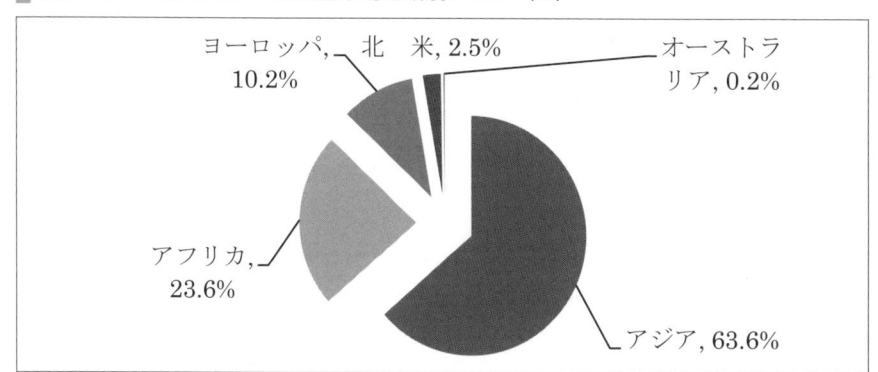

図2-2　世界のハラール食品市場地域別シェア（%）

- ヨーロッパ, 10.2%
- 北米, 2.5%
- オーストラリア, 0.2%
- アフリカ, 23.6%
- アジア, 63.6%

出所：Executive Review of World Halal Forum Europe 2009等

　日本からASEAN諸国への食品の輸出における、全輸出品目における食品の割合は1％未満である（**表2-3**）。マレーシアをはじめインドネシアなど日本企業と製品が圧倒的シェアを持つ国々においても、食品の輸出はゼロに等しい。その背景には、ハラールが大きな要因の一つであったことは間違いない。日本の食品市場は、1991年の34.26兆円の規模を上回ることなく、2012年は、34.07兆円と、20年以上も横ばい状態にある。一方、イスラムの食品市場は、すでに65～70兆円である。これは、日本の市場の2倍の規模である。日本の食品産業にとって、イスラム市場は大きな可能性を秘めた地域である。そのゲートウェイがマレーシアであり、ハラール対応である。

◆ 表2-3　日本からASEAN主要国への 食品・飲料の輸出（2012）　単位：百万円

	食品・飲料 輸出額	全体品目に占める割合	全品目 輸出額
タイ	21,654	0.62%	3,490,575
シンガポール	13,352	0.72%	1,860,320
マレーシア	4,339	0.31%	1,412,939
フィリピン	3,452	0.36%	945,866
インドネシア	3,182	0.20%	1,619,189
5ケ国合計	45,979	0.49%	9,328,890

出所：並河良一「ハラル食品マーケットの手引き」日本食糧新聞社（2013）

4．マレーシアのハラールへの取り組み
（1）グローバル・ハラール・ハブ政策
　マレーシアのハラールへの取り組みの骨格をなすのがグローバル・ハラール・ハブ政策である。この政策は、マレーシアの第3次工業化マスタープラン（2006～2020）及び第3次国家農業政策の中で打ち出された。この政策は次の4つの柱からなる。
①ハラール企業に対する優遇税制（設備投資控除・税額控除、原材料・製造機械の輸入税の免除、ハラール認証取得費用の控除）。
②ハラール産業専用工業団地（ハラールパーク）建設（操業9、建設中8、計画中2）。
③ハラール・トレーニング・プログラム。
④マレーシア国際ハラール見本市（MIHAS; Malaysia International Halal Showcase）の毎年開催。
　この4本の柱を中心にマレーシアを中東への食品輸出基地に育てることで、マレーシア経済の活性化を図るというものである。そして、その目論みは今のところ順調に推移しているようだ。

（2）ハラール認証とハラール工業団地
　グローバル・ハラール・ハブ政策を具体的に推進するのが、ハラール認証制度であり、マレーシアの認証制度を世界標準としようとするものである。ハラール工業団地を造り、そこにハラール産業を呼び込むというものである。そして、これを推進するのが、イスラム開発庁（JAKIM；Jabatan Kemajuan Islam Malaysia）及び、ハラール工業開発公社（HDC；Halal Industry Development Corporation）である。マレーシア政府は、JAKIMを創設し、世界に先駆けて食品流通法に「ハラール条項」を追加、食品等がハラールであることを認証する制度を設けた。認証ガイドラインを発行し、そのガイドラインに準拠することを促した。1982年にはマレーシアに輸入されるすべての食肉はハラール認証を取得していなければならないとした。さらに、食品等の製品に限らず、ホテルやレストラン、フォワーディングや倉庫など、マネージメントにも認証を拡大している。また、海外の認証団体と提携をすることでマレーシアのハラールを世界標準にし、

イスラム諸国への食品工業の拠点化、そしてイスラム市場の窓口となることを目論んでいる。このことでマレーシアの産業をハラールによって活性化しようとするものである。そのために、ハラール関連投資誘致のために「Halal Industrial Park（ハラール工業団地）」の開発を行っている。その開発・運営にあたるのが政府により設立された公社、HDCである。ハラール工業団地は、ハラール認証を取得、あるいは認証取得を前提とした企業のためのものであり、現在マレーシア国内に開発中のものを含めて17ケ所ある。首都クアラルンプールから40キロメートルに位置する港町の「セランゴール・ハラール・ハブ（Selangor Halal Hub）」は最大規模のハラール工業団地である。最大の貿易港ポートクランに隣接しており、高速道路にも近く、国内輸送や輸出にも配慮されている。400ヘクタール、東京ドーム86個分の広さがある。日本を含む外国企業の誘致のために税制優遇や調達先のあっせんや人材確保のための支援などを行っている。

　ハラール工業団地の一つ「マラッカ・ハラール・ハブ（Melaka Halal Hub）」にはキユーピーのマレーシア工場がある。同工場は、ハラール認証を取得し、2010年から生産をしており、マレーシア国内及び海外への輸出も担う。

◆表 2-4　マレーシアのハラール・パーク

名　称 （設営主体）	所在地	面積 (ha)	用地価格	貸工場使用料
Selangor Halal Hub（州）	Selangor州 Pulau Indah	400	24.00RM/ft 2	工場無
Port Klang Free Zone, Flagship Halal Zone（連邦）	Selangor州	400	1.80RM/ft 2 借地権付き	18.00RM/ft 2 /年
Melaka Halal Hub, Serkam（州）	Melaka州 Serkam	54	24.00RM/ft 2	450RM/月 900RM/月
techpark@enstek, Nilai（民間）	Negeri Sembilan州 Nilai	192	17.00RM/ft 2	工場無
Tanjun Manis Halal Hub（州）	Sarawak州 （ボルネオ島）	77千	2.50RM/ft 2	工場無
POIC（Palm Oil Industrial Cluster Halal Park（州）	Sabah州 （ボルネオ島） Lahad Datu	117	12.00RM/ft 2	工場無
Pedas Halal Park （マレーシア開発銀行）	Negeri Sembilan州	40	12.00RM/ft 2	工場無
Penang Industrial Halal Park（州）	Penang州 Bukit Minyak	40	18.00RM/ft 2	工場無
Kelantan Halal Food Park（州）	Kelantan州 Pengklan Chepa	1	未定	工場無

≪開発中のハラール・パーク≫
＊Perlis Halal Park, Padang Besar（Perlis州）
＊Kelantan Halal Park, Pasir Mas（Kelantan州）
＊Kedah Halal Park, Sungai Petani（Kedah州）
＊Pahang Halal Park, Gambang（Pahang州）
＊Sg Kapar Halal Park,
＊Labuan Halal Distribution Hub（Labuan島）
＊Prima Agri Halal Food Park（Pahang州）
＊Terengganu Halal Park（Terengganu州）
≪計画中≫
＊Sabah Halal Park（Sabah州）
＊Johor Halal Park（Johor州）

出所：並河良一「ハラル認証実務プロセスと業界展望」シーエムシー出版（2012）

マレーシアのハラール認証を担うJAKIMは、33ケ国、57機関と提携しており、マレーシアハラールの世界標準化は成功しつつあるようだ。JAKIMの認証は厳格さにおいて他国を抜きん出ており、その意味でイスラム諸国の信頼は厚い。サウジアラビアは、ハラールに対して最も厳しい国である。輸入される肉類はすべて国家の機関によって検査されるという徹底したものである。しかし、制度として条文化されたものはない。つまり、サウジアラビアにおいては、国民はすべてムスリムであり、国内に流通するすべてのものはハラールであるという前提で人々の生活が営まれている。一方、マレーシアではムスリムは約60%であり、ムスリム以外の国民もおり、国内にはハラール及びノン・ハラールのものが混在している状態である。そのため、簡単にハラール食品を見分けられる制度が必要であるということである。ハラール認証制度が中東諸国よりマレーシアやインドネシアなどのアジアの国で確立しつつあるのはこうした背景がある。今日、加工食品の増加により、一見しただけではハラールかノン・ハラールかの区別がつきにくいということが、ハラール認証制度に向けた動きの背景にあると見られる。こうした動きの結果、イスラム諸国においてハラール認証取得を強化する動きが出ている。ブルネイは2014年4月から同国向けの食肉はすべてハラール認証を義務付けることにした。図2-3は、国別にハラール認証制度への要求度の高さとハラールの社会への浸透度の関係を表したものである。ハラールの社会への浸透度の高さとハラール認証における要求度の高さは必ずしも一致していない。マレーシアは、ハラール認証における要求は群を抜いて高いが、ムスリム人口は国全体の60%であり、社会全体としては必ずしもハラールが浸透しているわけではない。一方、ハラールに対しては一番厳しいといわれるサウジアラビアではハラール認証制度に関しては成文化されたものがないなど認証制度への取り組みは必ずしも進んでいない。

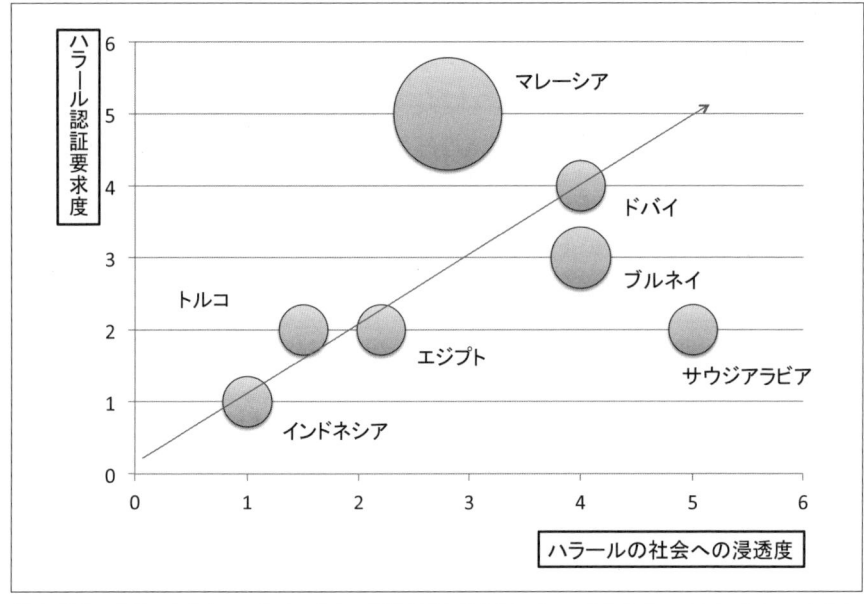

■ 図2-3　主要イスラム国のハラール認証の要求度の高さ

（縦軸）ハラール認証要求度
（横軸）ハラールの社会への浸透度

マレーシア、ドバイ、ブルネイ、サウジアラビア、エジプト、トルコ、インドネシア

（注）著者の感覚によるものである。また、位置だけを概念的にグラフ化したものでありバブルの大きさは関係ない。

◆ 表2-5　主要国のハラール認証機関

国	認証機関
マレーシア	Jabatan Kemajuan Islam Malaysia（JAKIM）マレーシアイスラム開発庁
シンガポール	The Majlis Ugama Islam Singapura（MUIS）イスラム教評議会
インドネシア	Majelis Ulama Indonesia（MUI）インドネシア・イスラム学者評議会
タイ	CICOT（The Central Islamic Committee of Thailand）
米国	IFANCA（The Islamic Food and Nutrition Council of America）

■ 図2-4　マレーシアのハラール・ロゴ（JAKIM）

■ 図2-5　タイのハラール・ロゴ（CICOT）

（3）マレーシア企業のハラールへの取り組み例

　マレーシアにおける、サービス及び運輸におけるハラールへの取り組み事例として、Kontena Nasional（KN）とConcorde Hotelを挙げる。KNは、政府資本のマレーシアの大手物流会社である。2009年に倉庫、トラック輸送、フォワーディングの各部門でハラール認証を取得、現在KNの取扱貨物はすべてハラールである。ハラール製品以外は扱わない。倉庫はハラール製品専用であり、トラック運転手はすべてムスリムである。

　また、Concorde Hotelは、ホテル内の3つのレストランでハラール認証取得。ホテル内の和食レストラン及びバーは認証を受けていない。キッチンはハラール

とノン・ハラールで完全に分離、ハラール認証を取得したキッチンでは3つのレストラン専用であり、和食レストラン及びバーとは食材、食器、担当従業員を完全に分けることはもちろん、アルコール類などのホテル内の動線も細かく決めているという。他のホテルでは、ホテル全体のハラール認証取得の例もある。その場合は、ホテル内の飲酒はできない。これらの企業のようにハラールに積極的に取り組んでいる企業は多い。

⦿ **写真2−3**　KN社、JAKIMによるハラール認証証書

著者撮影

⦿ **写真2−4**　Concorde Hotelのキッチンのハラール認証証書

著者撮影

（4）外資系企業のマレーシアを中心としたハラールへの取り組み例

　もっともハラールへの取り組みが進んでいるのがネスレであろう。1980年代からイスラム市場を視野に入れてハラール対応を進めてきており、その中心がネスレ・マレーシアである。世界443工場のうち85工場でハラール認証を取得している。ハラール食品部門の売上高は約4,750億円（内、マレーシアが約1,080億円）と、全体の売り上げの5％を占めている。原料の輸入国はおよそ85ケ国、そのすべてにおいてハラール認証を取得している。マレーシアからは50ケ国に輸出しており、その額は187億円（2009年）である。マレーシアやタイなどのホテルの客室に備えられているインスタントコーヒーの多くがネスレ製品であり、ハラール・ロゴが付されている。ネスレ以外では、ユニリーバ、ダノン、ケロッグといった企業がハラールに熱心に取り組んでいる。ケロッグは、2015年にマレーシアで新工場を稼働させ、ハラール対応のポテトチップスを生産する。また、米国のチョコレートで有名なハーシーも、マレーシアに工場を新設、ここで生産したチョコレートをアジア中心に輸出する計画である。

　日系企業では、味の素、キューピー、大正製薬、花王、ヤクルト、カプリチョーザなどがマレーシアでJAKIMの認証を取得している。味の素マレーシアは、シンガポール、ブルネイ、スリランカ、中東に輸出、2011年の売上高は、85億円であった。ヤクルトは、マレーシアで1日に162万本を販売する。原料の香料は日本から輸入している。供給元である日本の香料メーカーにもハラールの認証を取得してもらっている。大正製薬は、2004年認証取得、清涼飲料を中東にも輸出している。このように、マレーシアで生産されたハラール食品の多くが中東などイスラム圏へ輸出されている。このことはマレーシア政府によるグローバル・ハラール・ハブの狙い通りといえる。

　これまでハラール認証取得の日系を含む外資系企業の多くが製造業であったが、日本通運がマレーシアでJAKIMに認証取得の申請を出し、2014年12月認可された。日本の物流企業として最初のハラール認証取得企業である。ハラールが製造業から物流、サービスへ拡大する兆しである。

５．ハラールの日本への影響と日本における企業のハラールへの取り組みの現状

　これまで、ハラールに対応する日本企業はごく限られていた。キューピー、味の素、大正製薬、ポッカ、花王など大手企業が中心であった。最近になって、日本でも食品メーカーを中心にハラール認証取得の動きが新聞などで報じられるのを目にする機会が多くなった。ここで注目すべき点は、中小企業の関心が高まっていることである。国内向けの製品だけでなく、イスラム諸国への輸出のためにハラール認証が必要だということである。大手メーカーはマレーシアやインドネシアなどイスラム圏に工場を立ち上げ、そこからイスラム市場に輸出するという構図である。一方、中小企業は、国内工場で生産したものを直接イスラム圏への輸出を試みるケースが多く見られる。そのためには、国内でハラール認証を取得する必要がある。アルコールを使わない味噌を開発したひかり味噌、青森ブランドの地鶏「青森シャモロック」の輸出を目指すグローバルフィールドなどが挙げられる。また、すでに輸出をしている企業でも輸入者からの要請でハラール認証を取得する企業として西尾製粉や塩野香料が挙げられる。西尾製粉は、シンガポールに輸出しているが、シンガポールの輸入業者がマレーシアなどへの販路拡大のためにハラール認証取得を求め、その求めに応じたものである。また、塩野香料は、台湾の合弁会社へ原料を供給、台湾からシンガポール経由イスラム圏に輸出される。そのため、原料の供給元である塩野香料に対してハラール認証を求めてきたものである。

　マレーシアなどイスラム諸国における所得が向上したことにより、香料や上質な小麦など日本製品の需要が高まっており、日本の食品関連企業にとってはビジネスチャンスが膨らんでいる。こうした状況を背景に、販路が拡大するに伴い、輸入サイドからハラール認証取得を要請されるケースが増えている。さらには、製品だけでなく、将来的には輸送や保管などの物流企業に対してもプレッシャーがかかってくることは容易に想像できる。日系物流企業では、日本通運のようにマレーシアでハラール認証取得した例もあるが、まだまだ例外的である。しかし、具体的な行動には表れていないがハラールに興味を示し、研究をはじめているという物流企業はいくつかある。ハラール認証は、イスラム諸国とのビジネスにおいては避けて通れないものである。メーカーだけでなく物流企業を含むサプライ

チェーン全体に関わる企業すべての問題である。

　また、三菱東京UFJ銀行に見られるように、金融機関もハラール認証取得企業を支援する姿勢を見せている（日経新聞2014.2.24）。イスラム法（シャリーア）に合った製品やサービスを手掛ける企業に絞った「ハラールファンド」も誕生している（日経新聞2014.4.11）。

◆ 表2-6　日本おけるハラール認証取得事例

会社名 (所在地)	認証団体 (認証取得年)	適用
ひかり味噌 (長野県)	日本ハラール協会 (2012年)	アルコールを使っていない味噌を開発。みそ業界で初の認証取得。東南アジアへ輸出。
南薩食鳥 (鹿児島県)	日本アジアハラール協会 (2011年)	イスラム市場向け鶏肉の輸出。
かとう製菓 (愛知県)	日本アジアハラール協会 (2013年)	「いかの北海揚げ」で認証取得。シンガポール高島屋で販売。
西尾製粉 (愛知県)	日本ハラール協会 (2012年)	シンガポールへ小麦粉を輸出。シンガポール経由マレーシアへ輸出。
塩野香料 (大阪府)	日本ハラール協会 (2013年)	台湾の合弁会社を通じてシンガポールへ香料原料を輸出。
グローバルフィールド (青森県)	仙台イスラム文化センター (2010年)、 日本イスラム文化センター (2013年)	2010年、鶏肉。2013年餃子、チーズケーキ、モモ・砂肝・ササミ燻製の認証取得。国内ムスリム向け、輸出も視野に。
井上スパイス工業 (埼玉県)	日本アジアハラール協会	ハラール対応カレールゥの販売。
二宮 (東京都)	日本ムスリム協会	ハラール専門食品商社。ASEAN諸国の食材の輸入、自社工場でのハラール対応パンの製造、冷凍肉の加工、ハラール弁当やパーティ用ケータリング等
王様製菓 (東京都)	日本アジアハラール協会	東京あられ【唐辛子・海苔】で認証取得
ゼンカイミート (熊本県)	MUI（インドネシア） (2011年)	インドネシアへの牛肉輸出。これまでも、在日ムスリムに牛肉提供を手掛けてきた。

出所：各種報道、インターネット記事等を基に作成

◉ **写真 2-5** グローバルフィールド加工工場で作業するムスリム従業員

著者撮影

◉ **写真 2-6** 塩野香料工場内の原料保管場所、ハラール専用に区分けされた場所で保管

著者撮影

6．マレーシアとハラールの今後の課題

　マレーシアにとってのハラールに関する課題として3つ挙げられる。

　第1が、ハラールは宗教であり、強制されたものではなく最終的には個人に委ねられるべきものであり、国によってその対応にも差があることだ。イスラム学者中田考は「ハラール証明などというものを強制するのは神の大権の簒奪（さんだつ）に等しい大罪だと思います」と言っている（内田樹・中田考「一神教と国家」集英社新書、2014）。例えば、トルコでは、飲酒を国としては禁じておらず、飲酒の習慣を持つムスリムも少なくはないようだ。国によって考え方や対応に大きな差があり、国際基準がない。マレーシアの制度を国際基準とする道のりは平坦ではない。

第2は、マレーシアのJAKIMは認証にあたっては、輸送や保管におけるノン・ハラールとの完全分離など、サプライチェーン全体に渡って、非常に厳しい要求を課していることである。ムスリム人口がわずか10万人程度の現在の日本でマレーシアと同じような対応は難しい。トラック会社の経営者に輸送におけるハラール対応の話をすると、即、「無理」という返事が返ってくる。その国の状況に合わせた、現実的な対応が課題であろう。

　第3は、日本のように非イスラム国における認証との格差をどうするか、ハラール制度のリーディングカントリーとしてマレーシアの動向が注目される。多くの機関・団体がハラール認証を発行している国が多く、その審査基準が統一されておらず曖昧である。審査基準が厳しすぎても現実的でないが緩すぎても国際的に信用を失うことになるリスクがある。マレーシアのように国家機関が認証する場合の他、NPOなど公的機関がその役割を果たす場合が多い。例えばマレーシアならJAKLIM、シンガポールならMUIS、インドネシアならMUIというように一つの機関が認証を統括する国は世界全体ではまだ少数派である（**表2-5**）。

◆表2-7　JAKIM、日本のハラール認証の違い

	認証団体	基　準	メリット	デメリット
JAKIM	政府公式ハラール認証機関Jabatan Kemajuan Islam Malaysia（JAKIM）＝マレーシアイスラム開発局）1968年設立。JAKIMから承認された日本の認証機関は、日本ハラール協会と日本ムスリム協会の2団体がある。	世界基準のハラールを忠実に守るもの。49ヶ国対応75団体が公認認証機関(注)。	人口16〜19億人といわれるイスラムマーケットに参入するパスポートを得られる。世界基準となるタメ、フェアに戦いを挑める。	認証基準をクリアするのが大変、認証まで時間がかかる。投資も必要。
日本のハラール認証	ハラール認証を実施する認証機関日本ハラール協会、日本ムスリム協会、日本アジアハラール協会の他、各宗教団体など多数の機関・団体が認証。	日本の食文化などに配慮してローカライズされた基準。	海外の認証機関よりコストが安く、手続きが簡単。	一定の基準はあるものの、日本国内の基準が統一化されていないこと。

出所：「ハラルマーケットがよくわかる本」ハラルマーケットチャレンジプロジェクト編、総合法令出版（2013）注）JAKIMの提携国・機関は、日本ハラール協会のデータでは、33ヶ国、57機関（2013年7月13日現在）となっている。

7．まとめ

　イスラム諸国への食料や化粧品などハラール製品の輸出は、今後さらに増えてゆくだろう。マレーシアによって推進されているハラール認証制度がイスラム圏で一般化しつつあり、世界標準になりつつある。ブルネイに見られるようにハラールへの取り組みを強化するイスラム国が増えているのがその証である。日本のように非イスラム圏においてイスラム諸国への輸出増加のためにハラール対応を進める国が増えている。マレーシアは、徐々にではあるが、確実にイスラム圏への食品供給基地としての機能を確立しつつある。その意味で、マレーシアのグローバル・ハラール・ハブ政策は、今のところ順調に推移しているようだ。こうした状況を背景に、マレーシアはもちろん、中東をはじめとするイスラム圏とのビジネスにおいてはハラール対応が不可欠である。同時に、マレーシアが中東へのアクセスポイントとしてその役割を拡大する可能性もある。その意味で、今後のマレーシアに注目したい。

第3章

ラオス・カンボジア
── ASEANの新興国

1．はじめに

　ASEANは、1967に年5ケ国（インドネシア、マレーシア、フィリピン、シンガポール、タイ）でスタートし、1984年にブルネイ、1995年ベトナム、1997年ラオスとミャンマー、1999年カンボジアが加盟し10ケ国になった。1990年代に加盟した新興4ケ国は、メコン流域に位置することからメコン4ケ国、また各国の頭文字をとってCLMVと呼ばれる。ここでは、ラオスとカンボジアの概要、ついで物流の視点から両国の現在の産業及び、国別の動向についてまとめた。ラオス、カンボジアは、CLMVの中でも、人口や国土面積の点において、ベトナム、ミャンマーとは異なる。ラオス、カンボジアは人口が少ないことやASEANの後発国であるなど共通点が多い。日系企業にとって、その進出、投資についての考え方、期待する点において共通するものがある。

2．ラオス、カンボジアの概要

　ラオス、カンボジアは、海洋都市国家シンガポールと石油王国のブルネイを除くと、ASEANの中では、人口や国土面積が小さい開発の遅れた国である。この2ケ国の間には多くの共通点がある。そのため、この2ケ国は、日系企業にとっては、投資先として、同一線上にあるのではないだろうか。そこで、共通点、相違点を比べながら両国の概要を、以下に纏めた。

　ラオスは、国土面積236,800平方キロメートル、人口677万人。カンボジアの国土面積は、181,035平方キロメートル、人口は、1,509万人である。ラオス、カンボジアともに、それぞれ日本の3分の2、3分の1と狭い国土面積であり、人口は、ASEAN全体の人口（6億1,766万人）のラオスが1％、カンボジアが2％と少ない。また、両国とも国民の平均年齢が、ラオス20.3歳、カンボジア23.5歳と、非常に若い。両国ともに仏教国であるなどの共通点が多い。インフラ整備が大きく遅れていることも両国の共通点の一つである。この2ケ国の最大の相違点は、ラオスがランドロックットカントリー（Landlocked Country）、つまり海のない内陸国であるという点である。

　以下に、主要指標について2ケ国の比較をした。
　国内総生産（GDP; Gross Domestics Product）は、ラオスが108億ドル、カンボジアが155億ドルであった（2013年）。GDPのASEAN全体における割合は、ラオ

ス0.4%、カンボジア1%といずれも非常に小さい。しかし、2013年のGDP成長率はラオス8.03%、カンボジア7.43%と大きな伸びを記録しており、近年急成長を遂げている。

　貿易額は、ラオスが、輸出17億ドル、輸入30億ドルで、輸出入ともにタイと中国に大きく依存している。タイ（輸出44%、輸入71%）、中国（輸出33%、輸入16%）となっている。輸出品は、銅・同製品、鉱石、木材など1次産品がほとんどを占め、衣類など繊維製品が7%程度あるだけである。ちなみに農業従事者が、全体の80%であるが、農業におけるGDPは全体の33%に過ぎない。

　カンボジアの貿易額は、輸出51億ドル、輸入69億ドル。輸出先は、香港（22%）、米国（14%）、プエルトリコ（13%）、シンガポール（8.4%）と続く。輸入先は、中国（33%）、ベトナム（13%）、タイ（10%）、台湾（8%）となっている。輸出製品は、衣類が55%、輸入は、織物が37%、石油製品14%などとなっている。

　輸出入品目や相手先から両国の産業構造の違いが明らかである。繊維工業が中心のカンボジアと、工業化に遅れ一次産品の輸出に頼り、かつ隣国のタイと中国に大きく依存するラオスという構図が見える。

　日本の民間企業のメコン川流域国・地域への進出状況は、タイ、ベトナムが中心であり、ラオス、カンボジアへの進出は韓国企業や中国企業に比べ大きく後れを取っている。ここ2〜3年、これらの国・地域にも日系企業の関心が高まっており、進出する日系企業が増えている。中国やタイの人件費が高くなっているのに比べ、ラオスやカンボジアではまだ人件費が低いこともその背景にある。ちなみに、ラオスのビエンチャンの人件費は、最近大幅に引き上げられたが、それでもタイの半分以下というレベルである。その意味から、5〜10年の長い期間で見れば、この地域での日系企業のプレゼンスが韓国企業や中国企業に並ぶことも充分考えられる。

　物流インフラ、中でも道路事情がタイやベトナムなど他のASEAN諸国に比べよくないこともラオス、カンボジアの共通点である。ラオスは、1車線道路が1.4%、2車線道路が98.6%、カンボジアは、2車線道路が100%である。タイの、2車線道路36.7%、4車線道路58.3%、それ以上が5.0%。ベトナムは、1車線道路2.5%、2車線道路84.4%、4車線道路6.7%、6車線道路6.4%である。このことからも、ラオス、カンボジアの道路整備の遅れがわかる。

ラオスとカンボジアの大きな違いに都市化の進展が挙げられる。カンボジアの首都プノンペンは、人口220万人、高層ビルが立ち並ぶ大都会である。一方、ラオスの首都ビエンチャンは人口73万人、高層ビルも見当たらない。2014年6月にイオンがプノンペンにカンボジア1号店「イオンモールプノンペン」をオープンした。カンボジアでは最初のモール型ショッピングセンターである。専門店190店舗が出店している。日本から、家電量販店の「ノジマ」や「ダイソー」も出店している。カンボジアでは、イオンモールのオープンに見られるように、安い人件費をにらんだ進出だけでなく、現地での消費を見込んでの小売などの流通業、サービス業の進出も増加すると考えられる。これは都市化による人口集積と、所得格差、つまり国全体の所得は低くても都市部の所得水準は高く、購買力があるということである。一方で、ラオスは都市化が進んでおらず、現状では、まだ大きな消費は望めない。当分は、流通サービス業にとっては、感心が薄い国のままであると思われる。ただ、ビエンチャンには、物乞い、ホームレスの姿はなく、大都会プノンペンでは、貧富の差が大きく、より貧しさを感じる。経済発展と貧しくても幸せを感じられる生活、どちらを選ぶかは、それぞれの国が決めることである。

■ 図3-1　ラオス／カンボジアのGDP推移　　　　　　　　単位：百万ドル

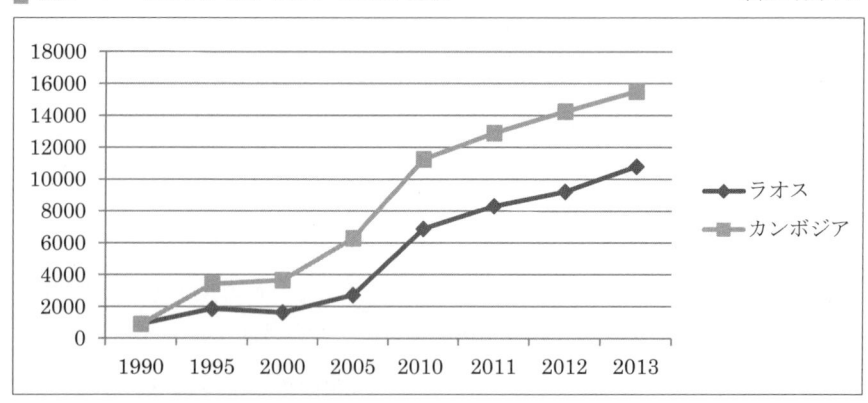

出所；IMF, World Economic Outlook Database

◆表3-1　ラオス／カンボジア基礎指標比較

指　標	ラオス	カンボジア
面　積	236,800平方キロメートル	181,035平方キロメートル
人口（2013年）	677万人	1,509万人
首都（人口）	70万人	220万人
平均年齢	20.3歳	23.5歳
GDP（2013年）	108億ドル	155億ドル
一人当たりGDP（2013年）	1,593ドル／人	1,028ドル／人
GDP成長率（2013年）	8.03%	7.43%
貿易額 （ラオス2010年、カンボジア2012年）	輸出　17億ドル 輸入　30億ドル	輸出　51億ドル 輸入　69億ドル
貿易相手国	輸出　タイ（44%） 　　　中国（33%） 輸入　タイ（71%） 　　　中国（16%）	輸出　香港（22%） 　　　米国（14%） 輸入　中国（33%） 　　　ベトナム（13%）
識字率（男／女）	89%／79%	98%／99%
在留邦人数（2011年）	554人	1,201人
日系現地法人数（2012年）	10社	35社

出所：IMF, World Economic Outlook Database

3．内陸国ラオスの可能性

（1）タイとの地理的、文化的、経済的な強い結びつきとメコン友好橋

　ラオスの経済活動は、周辺諸国とりわけ、言語・文化が近く、経済的に豊かなタイとの国境を越えて行われてきた。1994年、オーストラリアの援助で開通したラオスの首都ビエンチャンとタイ北部の地方都市を結ぶ第1メコン友好橋、2006年の日本のODAによる第2メコン友好橋、2011年の第3メコン友好橋、2013年の第4メコン友好橋の開通など多くの越境交通インフラが整備された。特に、第2メコン友好橋の完成で、東西経済回廊がベトナムからラオスを経てタイまでつながったことの意味は大きい。

　ラオスの人口の多い4大地域は、サワナケート県（86万人）、首都ビエンチャン（73万人）、チャンパーサック県（63万人）、ビエンチャン県（44万人）である。これらのうち、チャンパーサック県は、メコン川がラオス領内を流れているが、そ

のほかの地域は、メコン川がタイとの国境になっている。ラオスの人口の90%がメコン川沿いに住んでおり、その70%がタイとの国境地域に集中している。メコン流域に平野が広がっているためである。一方の、ベトナムとの国境は山岳部がほとんどであり、人口集中度は低い。タイとの国境周辺にはラオスの主要な民族であり、且つ、タイ東北部の主要民族でもあるラオ族が多く分布している。言語的にも、タイ語とラオス語は非常に似ている。こうした、地理的、文化的に密接な関係が両国の経済的な結びつきの深い背景にあるわけだが、第1メコン友好橋が開通するまでは、人流、物流は空路が主であった。第1メコン友好橋の開通で、陸路での物資の輸送が可能になり、輸送量は大きく増えた。実際に、バンコクからは、よく整備された国道2号によって車の移動は問題ない。国境を越えると首都ビエンチャンはすぐ目の前だ。ラオスからは、隣接するタイのノンカイやウドンタニーの大型ショッピングセンターに買い出しにくる。ラオスの小売業者は、商品を、タイの大手スーパーで仕入れるという。ラオスで仕入れるより安く、且つよいものが手に入る。

第1メコン友好橋によってラオス・タイ間の輸送量は増えたが、第2メコン友好橋、第3メコン友好橋は、ラオスにとってタイとベトナムの単なる通過点であり、第4メコン友好橋はタイと中国雲南省との間の通過点にすぎないことからラオスへの経済効果について懸念された。実際、第2メコン友好橋開通後しばらくは、第1メコン友好橋開通後のような効果は見られなかった。しかし、最近になって、日系製造業や物流企業の進出が見られるようになった。

1990年代半ば以降、ラオス政府は、国境を越えた経済活動を国内経済の活性化のために活かす政策をとっている。2006年の第2メコン友好橋の完成を見込んで、2002年にサワン・セノ経済特別区の設置を決め、法人税の免除など積極的に外資の誘致をはじめた。この特別区があるサワナケート県は、ラオス国内でベトナムとタイのアクセスができる平野としては唯一の場所であり、地理的な要衝である。

2013年に開通した第4メコン友好橋についても、中国とタイの物流に使われるのが主で、ラオスは素通りというのが一番懸念されるところである。道路の補修費だけ嵩むということもあり得る。東西回廊にあるサワナケートでは、通行税を徴収するというアイデアもあるようだが、今のところは具体的な動きには至っていない。

◆表3-2　メコン友好橋

	開通年	連結地域	その他
第1メコン友好橋	1994	タイ・ノンカイ／ラオス・ビエンチャン	オーストラリアの援助
第2メコン友好橋	2006	タイ・ムクダハン／ラオス・サワナケート	日本のODA
第3メコン友好橋	2011	タイ・ムアンナコーンパノム／ラオス・タケーク	
第4メコン友好橋	2013	タイ・チェンコン／ラオス・ファイサーイ	タイ・中国が折半

（2）東西回廊を使った輸送

　第2メコン友好橋の開通で東西回廊がベトナムからラオス経由でタイまでつながったことで、日系物流企業によるバンコクとハノイを陸路で結ぶサービスが始まった。日新、住友グローバルロジスティクス（SGL）、日通、日本ロジテムなどがサービスをはじめている。顧客は、主に日系企業だ。それまでバンコク・ハノイ間の輸送は海上輸送によるしかなかった。シンガポールやホーチミンで積み替えるため10日以上の日数がかかっていたものが、3日程度で輸送できるようになった。ネックは、海上輸送に比べて2倍の運賃の高さである。バンコクからベトナム北部への貨物量に比べ、ベトナム北部からバンコクへの貨物量がきわめて少ないためである。

　バンコク・ハノイ間のトラックサービスを提供している日系企業の一つがラオ日新である。サワナケートに拠点を置く同社は、トラック14台、ドライバーはラオス人24人とベトナム人6人の30人という体制である。トラック2台一組で輸送、ドライバー4人の中にベトナム人ドライバーを必ず入れるという。サワナケートでドライバーは交代。45フィート又は、40フィートの海上コンテナを使用する。ここでもやはり問題は、片荷だそうだ。

(3) ラオスにおける物流インフラ整備の意味

　ラオスは内陸国であり、また国境を接する隣国タイとはメコン川で隔たれ、ベトナムとの間には山岳地帯が行く手を阻むという地理的な制約から交易には大きな制約があった。ラオスの輸送体制の特徴の一つに、メコン川を使った水運がある。ラオス、中国、ミャンマー、タイ間の国際輸送も一部あるが、メコン川での輸送の大半は国内輸送である。メコン川北部では、400DWT（重量トン）の船舶の通行が可能であるが、それ以外の場所では200DWTの艀（はしけ）に制約されている。また、海外への輸出入ではベトナム、タイの港を利用している。

　4つのメコン友好橋の開通は、交易の制約条件を緩和したという意味は大きい。メコン友好橋を含めた交通、物流分野のインフラ整備の進展がラオスにもたらしたものは、輸送、越境手続きや連絡調整などにかかるコストとしての、サービス・リンク・コストの低減である。そして、このことがインドシナ半島における水平分業体制を可能にした。いち早く工業化したタイを中心にしたサプライチェーンの形成につながる。近年、日系企業がラオスに注目するようになった背景にはこうした事情がある。ここに人口の少ないラオスの生き残る可能性の一つがある。

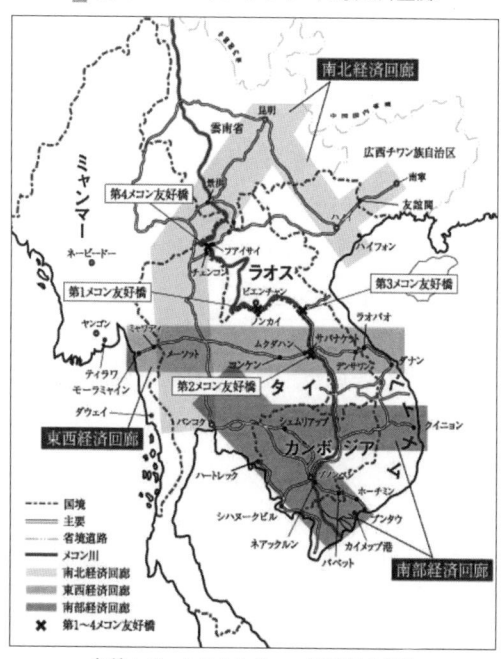

図3-2　インドシナ半島経済回廊

出所：ジェトロセンサー　2012年3月号

（4）サワン・セノ経済特別区

　東西回廊の線上にあるサワナケートが、単なる通過点に終わらずラオスの国内経済活性化につなげるための政策がサワン・セノ経済特別区である。これは、サイトA～Dまでの4つのサイトからなる。サイトAは、サービス関連ビジネスエリア、サイトBは物流・工業エリア、サイトCは商業・工業エリア、サイトDは住居エリアとなっている。サイトAは、第2メコン友好橋のラオス側の橋の周辺地域である。タイ航空地上サービス公社（TAGS）が、ラオス政府と開発に関する覚書を交わしているが、具体的な動きはないようだ。サイトBは、国道9号線と国道13号線の交差する地点にある。日本ロジテム、タイのダブル・Aロジスティクス社やリサイクル・タイヤ・グループなどが稼働している。サイトCは、国道9号沿線にあり、タイのムクダハンまで約10キロメートルに位置する。ラオス政府30％、マレーシアの民間会社（Pacifica Streams Development Co., Ltd.）70％出資

の合弁会社が開発に携わっている。ラオス政府から75年間の借り受けという契約である。サイトCをSavan Parkと呼んでいる。大統領令148及び177によってFree Trade Zoneとしての投資インセンティブとして、最長10年間の免税措置、低所得税、材料輸入の関税免除、最長75年の土地リースなどが認められている。2008年から10年間の計画に基づき開発を進めている。Phase 1；2008-2011、Phase 2；2011-2013、Phase 3；2013-2015、Phase 4；2015-2017であり、現在Phase 3にある。Phase 1の段階での聞き取り調査（2010年）では、15社とすでに契約が完了していた。15社の国を見ると、日本2社、香港2社、マレーシア1社、オランダ1社、フランス1社、タイ1社、オーストラリア1社、合弁他6社というものである。具体的な内容は確認できていないが、その後も徐々に開発は進んでおり、4つのサイトの中では、最も開発が進んでいるサイトである。

◉ 写真3-1　国道9号線、奥がSavan Park

著者撮影　2010

◉ 写真3-2　Savan Park前の看板

著者撮影　2010

（5）最近の動向、隣国タイとの一体化で発展／タイ・プラスワン

　最近の日系企業のラオスへの進出の特徴は、タイを中心とした周辺国からの製造業の一部を移転するというものである。つまり、タイの工場をマザー工場として、それを補完するために進出するという形態である。例えば、2013年、ニコンは、サワン・セノ経済特区へタイ工場の製造の一部を移転した。豊田紡織は、自動車用内装部品をラオスで製造、全量タイへ納品する。つまり、タイを中心として補完的国際水平分業体制が構築されつつあるということである。その結果、従来は、縫製業中心であったが、自動車部品、ワイヤーハーネス、工具製造など製造業全般に広がりが見られる。

その背景には、下記の6つの要因がある。
①タイの賃金上昇。
②タイにおける人材確保が難しくなったこと。
③自然災害（洪水）や政治的混乱などのリスク分散。
④ラオ語とタイ語の類似性からタイ人技術者の派遣による管理が可能なこと。
⑤投資環境の改善（経済特区、ハード・ソフトインフラの整備の進展）。
⑥投資優遇措置（10年間の法人税免除など）。

　もう一つの特徴は、日系物流企業がラオスに拠点を構築する動きである。日系企業のラオス進出を背景に、ラオスとタイの間の物流が増加していることもあるが、むしろ、インドシナ半島における海外戦略によるものであると考えられる。多くの日系物流企業は、インドシナ半島全体の陸路による輸送ネットワーク構築を進めている。その戦略において、東西回廊が重要な輸送ルートであり、その重要なポイントが、ラオスのサワナケートとそこにあるサワン・セノ経済特区である。ミャンマーが本格的に加わったことで、荷主の陸上輸送への関心はますます高まっており、物流企業によるネットワーク構築にも拍車がかかっている。

◆表3-3　ラオスに進出の主要日系企業

王子製紙（植林事業）
山喜（カッターシャツ生産）
ミドリ安全（革靴生産）
朝日マキシマ（携帯電話用充電器の抵抗等の生産）
関西電力（水力発電事業）
三井住友海上火災保険（保険事業）
シーオン（オクラの栽培・輸出）
日新（トラック・ターミナル事業など物流業）
日本ロジテム（トラック・ターミナル事業など物流業）
サンテイ・グループ（大手量販店向け紳士・婦人服の製造）
丸八真綿（寝具製造）
東京コイルエンジニアリング（カメラのストロボ部品の製造）
TSB（USBケーブル製造）
ニコン（一眼レフカメラの部品製造）2013年10月生産開始
矢崎総業（ワイヤーハーネスの一部、設備を無料で提供し、加工のみ委託）
トヨタ紡織（自動車部品の内装部品の製造）2014年4月生産開始
旭テック（エンジン部品などのアルミ鋳造品を生産）　2014年11月稼働

出所：川田敦相「メコン区域経済圏」勁草書房（2011）、石田正美編「メコン地域国境経済をみる」IDE-JETRO（2010）他、新聞報道を基に作成。

（6）ラオスの可能性―タイ・プラスワン及び「インドシナをつなぐ国」

　ラオスの最低賃金は隣国タイに比べ低い。人口677万人の小国だが、失業率が高いので労働力の確保には困らない。対日感情はよく、政情も安定しており、ベトナムやタイに売るほど電力も豊富である。工業団地に立地する外資系企業に対しては、10年間は法人税を免除するなどの優遇策もある。また、物流面も数年前にインドシナ半島のベトナムからラオスを経由してタイ・ミャンマーを縦断する幹線道路、東西回廊が開通して飛躍的によくなった。ラオスは人口が少なくマーケットも小さいので、大規模な工場を構えようという大手企業は進出しにくい。タイのマザー工場の補完的役割を果たす目的でラオスに進出するケースが増えており、今後もこの傾向が続くと見られる。「タイ・プラスワン」としてのラオスである。こうした工場の進出による物流需要の高まり、及びベトナム・タイ間のように、インドシナ半島における陸の交易の中継点として、言い換えれば「インドシナをつなぐ国」としての物流国家の形成がラオスの生き残る道であろう。ロッ

テルダムを玄関口に物流国家を形成したオランダがお手本になるかもしれない。ラオスの場合は、東西回廊のベトナムとタイのちょうど中間点にあるサワナケートをゲートウェィとした陸の物流国家である。東西回廊の線上にある、ラオスのサワン・セノ経済特別区は、バンコクから685キロメートル、ハノイからは867キロメートルという好位置にある。

サワナケートにあるサワナケート大学は、2009年に発足したラオス第4番目の国立大学である。学生数は、約4,000人、サワナケートが将来、物流拠点として産業を形成できるように物流人材育成の方針を打ち出している。2012年末に、ロジスティクス学科を新設して人材育成に取り組む姿勢を見せている。

タイ、ベトナム、ミャンマー、中国などに囲まれたラオスがASEANの一員として生きてゆくために、隣国タイとの補完的国際水平分業による企業誘致「タイ・プラスワン」及び、東西回廊を利用した陸の物流国家形成「インドシナをつなぐ国」としての政策を進めることがポイントである。タイに進出する日系製造業や物流企業にとっては、小さな国ながら進出先としては注目に値する国であろう。

◉ 写真3-3　ムクダハン（タイ）で国境通過を待つトラック

著者撮影　2010年

4．カンボジアの脱縫製・製靴は可能か？
（1） 投資の中心は縫製と製靴

　2012年のカンボジアへの海外からの直接投資は、1億3,713万ドルであった。そのうち縫製・衣料品分野が39.3%（5,627万ドル）、製靴が20.5%（2,937万ドル）と縫製業と製靴業で全体の約60%を占め、縫製・製靴が投資の中心であることがわかる（カンボジア投資委員会：CIB; Cambodia Investment Board）。

　カンボジアへの投資は、その豊富な労働力、タイやベトナムに比べてもなお安価な人件費、法人税や原材料輸入税免税などの優遇措置、後開発途上国（LDC; Least Developed Country）特恵関税の適用などが挙げられる。プノンペンの製造業労働者の賃金は、月額約100ドルであり、中国やタイの3分の1程度である。

　海外からの投資は2000年前半頃から中国、韓国、タイを中心に大型投資がはじまった。日本からの投資が目立つようになるのは2010年ころからである。脱中国、あるいはチャイナ・プラスワンの投資先の一つとしてカンボジアへ衣料品や靴の委託加工がはじまった。したがって、カンボジアから日本への輸出は衣料品と靴が大半を占める。

（2） 先行する中国企業、後発の日本企業

　カンボジアへの投資では中国や韓国企業が先行している。日本企業がカンボジアに注目し、投資がはじまったのは最近の事である。1994年から2011年までの対カンボジアの累計投資額は、中国8,910百万ドル、韓国4,039百万ドルに対して日本は154百万ドルに過ぎない（図3-3）。日本商工会議所によると、2012年の日本からの投資は3億ドル以上と急激に伸びている。2010年には、カンボジア進出の日本企業は50社であったが、2013年には2.5倍の122社に急増している（図3-4）。しかし、中国や韓国の進出企業数に比べればまだまだ遅れをとっている。

　カンボジアには少なくとも25の政府から認定された経済特別区がある。そのうち稼働している主な経済特別区は、プノンペン経済特別区、シアヌークビル港経済特別区とシアヌークビル経済特別区、ベトナム国境沿いのパペット地区にはタイセン経済特別区・マンハッタン経済特別区・ドラゴンキング経済特別区、そしてタイ国境沿いのコッコン経済特別区・ポイペト経済特別区などがある。

　そのうちの一つで、シアヌークビル港から12キロメートルの距離にある、シア

ヌークビル経済特別区（SSEZ；Sihanoukville Special Economic Zone）は中国企業とで共同開発されたものであり、経済特区としてはカンボジアでは最も早い時期に作られた。同経済特別区には19の企業が入居、16企業がレンタル工場を利用、3企業が土地をリースしている（2012年現在）。入居している19企業のうち13社が中国企業である（表3-4）。

図3-3　日中韓の対カンボジア直接投資額（1994-2011年累計）　　単位：百万ドル

国	投資額
中国	8,910
韓国	4,039
日本	154

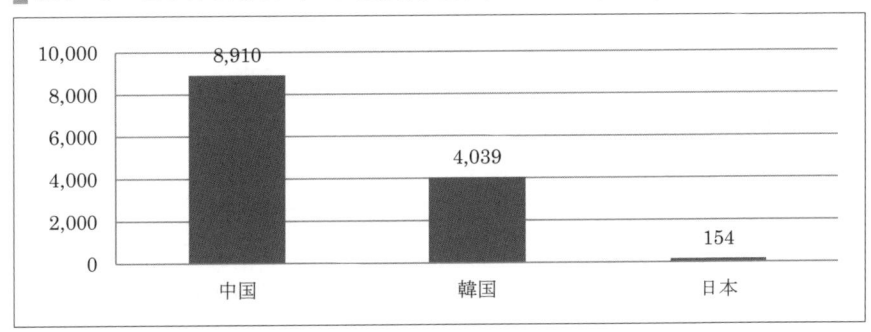

出所：CIB、国際協力銀行

図3-4　カンボジア進出日本企業数の推移

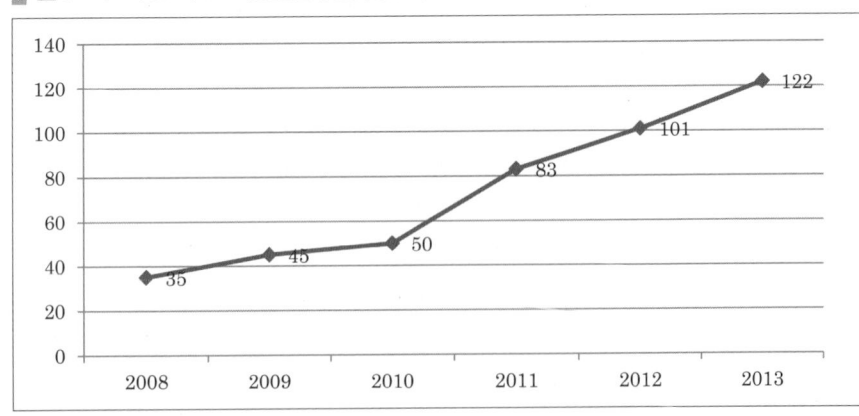

年	企業数
2008	35
2009	45
2010	50
2011	83
2012	101
2013	122

出所：新聞等各種報道を基に作成

◆表3-4　シアヌークビル経済特区入居企業リスト（2012年現在）

	入居企業名	投資分野	投資国
1	Nanguo Garment	衣類	中国
2	Zhongzheng（Cambodia）	バッグ	中国
3	Horseware Products Ltd	乗馬ウェア	アイルランド
4	Royal Crowntex International, Inc.	衣類	USA
5	Wealth（Cambodia）steel industry	鉄骨	中国
6	Brilliant shoes Factory	靴	中国
7	Keeptop Sporting Goods（Cambodia）	スポーツシューズ	中国
8	Wanhai Hanger（Cambodia）	ハンガー	中国
9	Hongdou International Garment	衣類	中国
10	Continental Cycles CAM	自転車	中国
11	Shandong Forest Wood（Cambodia）	木製床材	中国
12	OUFEIYA Leather（Cambodia）	バッグ	中国
13	アスレ電器（株）	ワイヤーハーネス	日本
14	イズミ電子（株）	テレビ・フレーム	日本
15	Great Park Holdings Ltd.	衣類	フランス
16	Rebecca Hair Products（Cambodia）	かつら	中国
17	Sure Success（Cambodia）Industrial	フォルダー	中国
18	Happy Leather（Cambodia）	革製ソファ	中国
19	J.D.PHARM Co.,Ltd.	生物抽出物	カンボジア

出所：シアヌークビル経済特別区

（2）最近の投資動向

　ラオス同様にカンボジアにおいても、タイやベトナムの製造拠点を中心にインドシナ半島を面として捉え生産ネットワーク、つまり国際水平分業体制が構築されつつある。タイやベトナムに多くの工場を有する日本企業にとって、ベトナムのホーチミンとタイのバンコクを結ぶ南部回廊の中間に位置するカンボジアはタイやベトナムのマザー工場の補完的役割の工場立地先として有利である。

　タイ国境沿いのコッコン経済特別区・ポイペト経済特別区及びベトナム国境沿いのパペット地区にある3つの経済特別区には日本企業の進出が目立っている。パペットからベトナムのホーチミンまでは南部回廊を利用すれば約90キロメートル、車で約3時間の距離である。カンボジアの経済特別区に進出している多くの企業が、その原材料をタイやベトナムから調達し、製品を送り返すというマザー

工場の補完的役割を担うというものである。このように、インドシナ半島における国際水平分業の一部にカンボジアを組み込んだサプライチェーンの構築という戦略の基に進出するというのが最近のカンボジアへの日本企業の投資動向である。したがって、近年の投資企業は、縫製や製靴に限らず自動車部品や電子部品の関連企業の進出とその分野が拡大している。

　ミネベアは、2010年からプノンペン経済特別区でモーターの組み立てを行っている。そこで製造された製品はすべてタイの工場に戻し、顧客に納品する。現在、第2工場の建設も進んでいる。矢崎総業は、コッコン経済特別区で自動車用ワイヤーハーネスの組み立てを2012年末からはじめた。ミネベア同様、製品はタイに送られる。デンソーも、2013年には、プノンペン経済特別区への進出を決めている。他にも、プノンペン経済特別区には住友電装や味の素、ポイペト経済特別区には日本電産、パペット経済特別区にはヨークスや日本精密が進出している。

　また、こうした日本企業の進出による輸送需要を見込んで、日本の物流企業によるインドシナ半島域内の陸上輸送ネットワークの構築が進んでいる。カンボジアに駐在員事務所や現地法人を設立する物流企業が増えている。

(3) 消費市場としてのカンボジア

　アジアにおける国際分業体制の一翼を担うという意味でカンボジアの発展が期待されている。また、消費市場としてのカンボジアに注目し、いち早く進出したのがイオンである。

　2014年6月30日、プノンペンにモール型ショッピングセンター「イオンモールプノンペン」がグランドオープンした。総投資額200億円、東京ドームの1.5倍の広さに190の専門店が入っている。3千台収容の駐車場、総合スーパー「イオン」、シネコン（複合映画館）、アイススケートリンクやボウリング場も持つというものである。現在、カンボジアには、地場資本の「ソリア・ショッピングセンター」など僅かの商業施設があるだけであり、本格的なスーパーマーケットや百貨店はない。マレーシアのパークソンが百貨店の進出を表明している。カンボジアでは、日常の買い物は、昔ながらの市場でするのが一般的である。総合スーパーとしては、イオンが初めてである。マクドナルド、スターバックス、日本のコンビニもまだ進出していない。つまり、カンボジアは、流通における未開の地である。

一般的に、国民一人当たりのGDP3,000ドルが消費拡大の目安といわれるが、カンボジアの一人当たりGDPは、1,000ドル程度である。プノンペンだけを見ると、全体平均の2倍の2,000ドルと推測する。プノンペンにおける冷蔵庫の普及率はおよそ32％程度であり、こうした数字を見ると全体として消費が拡大するにはまだ少し時間がかかりそうにも思える。市場で、その日の食材を購入するという生活スタイルに近代的スーパーが入り込めるかというのがポイントである。

　カンボジアに進出する場合に、流通業にとっての問題は、現地メーカーが少なく、商品の大半を輸入に頼らなければならないことである。イオンモールプノンペンでも商品の3分の2はタイやベトナムからの輸入品であるといわれる。そのため販売価格が高くなる。また、発注してから納品までの時間がかかる。イオンモールプノンペンでは、発注から納品までに1ヶ月を要するという。そのため、在庫を多く持つ必要があり、カンボジアでは日本の2倍の広さの倉庫が必要だという。カンボジアでは、流通・物流システムが確立していないため、流通・物流における非効率がすべて価格に反映されることになる。イオンの場合、自前で物流網を作り上げようとしているようだ。

　一方で、流通業にとってのメリットは、カンボジアには小売りに対する規制がなく、外資でも独資での進出が可能である点が挙げられる。

　イオンは外資で最初の流通業におけるカンボジア進出となった。かつては東洋のパリといわれたプノンペンには160万人が居住する。市場を中心とした、近代的消費スタイルとは異なる流通未開の地であり、流通・物流インフラが整備されていない。また所得的にも消費拡大には、時期尚早にもかかわらずイオンがカンボジアに出店した背景には、カンボジアの平均年齢が若く、新しいライフスタイルを示すことで消費スタイルを変えられると考えての事と推測する。また、急激な経済発展により所得の向上が見込めるとの計算の上で、どこよりも先に進出することでカンボジアでの地位を確たるものにするという狙いもあるのだろう。

（4）カンボジアの越境物流

① 越境物流（＝国際物流）の5つのルート

　カンボジアの国際輸送（越境）ルートには、プノンペン港とシアヌークビル港を利用する2つの海上輸送ルートとベトナム、タイ、ラオス間の陸上輸送ルート

がある。カンボジアの国際輸送ルートは、基本的にプノンペンを発着点としている。

カンボジアの越境物流の中心はタイ及びベトナムとの間であり、カンボジア・ラオス間の物流は少ない。近年は、南部回廊を使ったバンコク及びホーチミンへ陸上輸送する貨物が増えているが、大半の貨物はインドシナ半島以外の地域への輸出入貨物である。カンボジアにおける唯一の海洋に面した国際コンテナ取扱港がシアヌークビル港であるが、1,000～1,500TEU積載の小型コンテナ船しか入港できないため（最大2,000TEU程度のコンテナ船まで入港可能だという）、シンガポール港、レムチャバン港、ホーチミン港のいずれかで基幹航路の大型コンテナ船に積み替える必要がある。陸上ルートは運賃が高いため通常はプノンペン港かシアヌークビル港のいずれかの海上ルートが利用される。

◆表3-5　カンボジアの国際輸送ルート

海上輸送ルート	シアヌークビル港から近隣諸港（レムチャバン港、シンガポール港）経由欧米等へのルート。	プノンペン・シアヌークビル港間（約230㌔㍍）は陸上輸送。
	プノンペン港からホーチミン港へメコン川の内陸水運を利用、ホーチミンから欧米諸港へ接続するルート。	プノンペン・ホーチミン間（約430㌔㍍）。
陸上輸送ルート	プノンペン・ホーチミン間を陸上輸送。	国道1号線を利用（246㌔㍍）。
	カンボジア西部からタイへ、国道5号線、6号線を利用して陸路レムチャバン港へ、ここから欧米へ接続するルート。	プノンペン・レムチャバン間（約690㌔㍍）。
	プノンペン・ラオス間、国道7号線を利用した陸上ルート。	プノンペン・ラオス国境間（約539㌔㍍）。

出所：OCDI QUARTERLY 75等を参考に作成

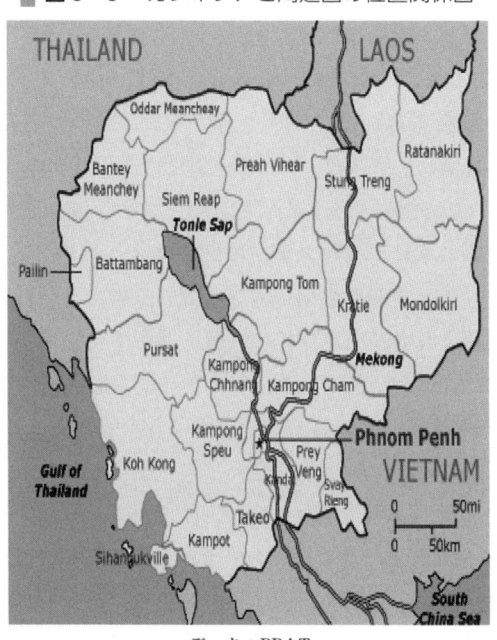

第3章　ラオス・カンボジア ─ ASEANの新興国

図3-5　カンボジアと周辺国の位置関係図

データ：PPAT

② 海上輸送ルート

　輸出入貨物を基幹航路に接続する場合、従来は基本的にはシアヌークビル港が使われていた。2008年にカンボジア・ベトナム内陸水運協定が結ばれ、2009年以降ベトナムのカイメップに大水深のコンテナターミナルが相次ぎオープンし、北米航路等の大型船が直接寄港するようになったことから、プノンペン港からバージ（艀）を使ってカイメップへ運び、基幹航路へ接続するルートを利用する船会社が増えてきた。プノンペン港のコンテナ取扱量は、2010年の約6万TEUから2012年の9万TEUへ2年間で1.5倍に急増している（図3-6）。プノンペン港とシアヌークビル港のコンテナ取扱量の比率は従来15:85であったものが近年は、25:75に変わっている（図3-7）。プノンペン港を利用する貨物は、北米航路及びアジア域内貨物が中心であり、欧州航路の貨物はシアヌークビル港を利用するケースが多い。

　プノンペン港利用の増加の理由として次の事が挙げられる。第1に、プノンペ

93

ン・シアヌークビル間、230キロメートルは片側1車線で3.5時間～4時間を要する。また、そのトラック料金は20FTコンテナで300ドル、40FTコンテナで350～400ドルであり、安くない。第2に、北米向けでは、シアヌークビルからシンガポールで接続した場合より、プノンペン港からカイメップ経由の方が、トランジットタイムで2日早い。第3は、シアヌーク港のターミナルゲートが週末には、特に混雑するため、この混雑を嫌った貨物がプノンペン港へ流れている。第4は、商船三井に見られるように、カイメップに自営コンテナターミナルを有し、自社の基幹航路の大型コンテナ船を直接寄港させている場合、他社のフィーダー船でのシンガポール接続よりカイメップでの接続を選択する。

プノンペン港（PPAP; Phnom Penh Autonomous Port）のコンテナターミナルは、岸壁が300メートルで3隻のバージを同時に着岸できる。5社がPPAP・カイメップ間のバージによるコンテナ輸送サービスを提供している。合計で週12～16便、使用されている船型は概ね75～120TEU積である。入港可能な最大船型は、5,000総トン、200～300TEUである。コンテナ取扱量の急増で、従来のターミナルの処理能力が限界に近付いたため、PPATから30キロメートル離れた場所に新コンテナターミナル（NCT）を建設、2012年末稼働をはじめた。岸壁長300メートルで、従来のターミナルのコンテナ取扱能力12万TEUと、NCTの18万TEUを合わせてプノンペン港での処理能力は30万TEU／年となった。ちなみに、NCTは、中国のソフトローンで、建設は中国の建設会社による。プノンペン港にはコンテナターミナルの他に内航船用の岸壁（333メートル）、旅客ターミナルやインランドデポ及び倉庫がある。

シアヌークビル港（PAS；Sihanoukville Autonomous Port）コンテナターミナルは、日本の援助（JICA）によって2002年稼働した。岸壁長400メートル、水深11.5メートル、2基のガントリークレーン（GC）[注]と5基のトランステナー（Transtainer）を備えている。PASでのコンテナ取扱量は2011年で約23万TEUであった。

(注) ガントリークレーン（Gantry Crane）とは、コンテナ荷役専用の橋型クレーンで、コンテナクレーンとも呼ばれる。岸壁に設置され、コンテナ船の貨物の積み下ろしを行うために使用される。
 トランステナーは、（Transtainer）コンテナヤード内のコンテナの移動やシャーシへの積みおろしを行うレール上を走行する門型移動式クレーン。トランシファクレーン（Transfer Crane）または、RTG（Rubber Tired Gantry Crane）ともいわれる。

第3章 ラオス・カンボジア ― ASEANの新興国

■ 図3-6　PPAPコンテナ取扱量推移（TEU）

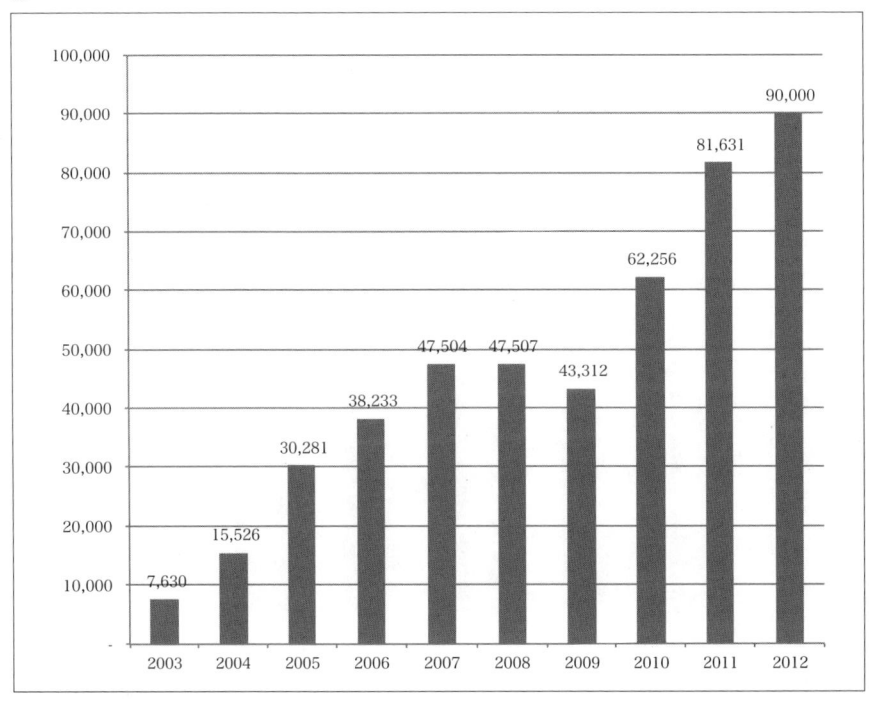

年	TEU
2003	7,630
2004	15,526
2005	30,281
2006	38,233
2007	47,504
2008	47,507
2009	43,312
2010	62,256
2011	81,631
2012	90,000

出所：PPAP
（注）2012年数量は推定値。

物流の視点からみたASEAN市場

■ 図3-7　コンテナ取扱量2港のシェア（%）

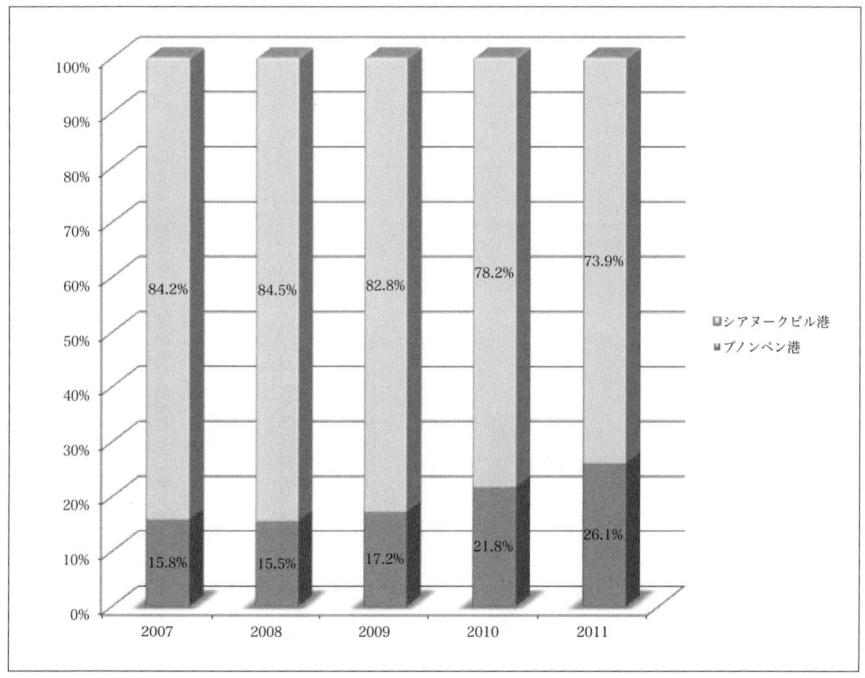

年	プノンペン港	シアヌークビル港
2007	15.8%	84.2%
2008	15.5%	84.5%
2009	17.2%	82.8%
2010	21.8%	78.2%
2011	26.1%	73.9%

出所：PPAP
(注) 2008年カンボジア／ベトナム内陸水運協定締結
　　 ベトナム、カイメップ／北米航路開設

◉ **写真3-4　プノンペン港（PPAT）**

著者撮影

◉ **写真3-5　シアヌークビルターミナルゲート**

著者撮影

（5）カンボジアの課題と可能性
① カンボジアの抱える課題

　カンボジアの経済発展を阻む最大のボトルネックは、流通システムの不在及び物流網の未整備である。カンボジアには、卸問屋など中間流通業者が存在せずイオンに見られるように、調達のすべてを自ら行わなわければならない。物流面でも、多くの日系物流企業がカンボジアに進出しているが、彼らの提供するサービスの多くは越境物流が中心である。つまり、国内の配送網などは全くないのが現状である。小売業を展開するには、カンボジア国内における配送網の整備が欠かせない。また、小売業に不可欠なのが冷凍・冷蔵食品の輸配送・保管であるが、

こうしたサービスもまだ確立されていない。現状では、自前で解決するしかない。このことは、小売業がカンボジア進出を考える場合の大きなマイナス要因である。

次に大きな問題は、電力供給の不安定性とその料金の高さである。カンボジアは必要な電力の約60％をタイやベトナムから輸入しているため電気料金が周辺諸国に比べ約2倍と高いことである。3～5月の暑季には電力需要が大きくなり、停電が頻発する。

また、多くの規則や法律が未整備な点も多い。規制が緩やかな反面、都市の開発では乱開発状態にある。

② カンボジアの利点

カンボジアは多くの解決すべき課題を抱えているが、次のような利点もある。①周辺国に比べて人件費が安いこと、②国民の平均年齢が若く豊富な労働力があること、③規制が緩やかで小売業でも独資の進出も可能（一般的には、自国の小売業保護のため小売業に対する規制を厳しくしている国が多く、特に、新興国で小売業に対して100％出資を認めている国は少ない）であること、④タイ、ベトナムの間に位置するという地理的優位性に加え、これらの国との国際水平分業体制が進んでいること。

③ カンボジアの可能性

ASEANは、2015年AECの完成に向け最終段階にあり、ASEAN内の格差是正、特に物流インフラにおける格差の是正に取り組んでいる。東西回廊や南部回廊の整備もその一つである。インドシナ半島における国際水平分業体制の進展は、こうした物流インフラの整備に負うところが大きい。チャイナ・プラスワン、そしてタイ・プラスワンによってカンボジアが補完的役割として注目されるようになった。バンコクとホーチミンというアジアの2大都市を結ぶ南部回廊の真ん中に位置するという地理的なメリットは大きい。カンボジアだけでは発展は難しいが、タイやベトナムと一体化することで今後の発展の可能性は大きい。経済面で一体となるためには、物流ネットワークの整備が喫緊の課題である。また同時に流通システムの構築も早急に進めなければならないことの一つである。

日本企業の進出が、ハード・ソフト両面における整備をサポートし、その整備

スピードが加速すると考えられる。ケイラインロジスティクスは、タイ・マレーシア・カンボジアの輸送サービスを提供。商船三井ロジスティクスは、カンボジアのパペット地区からホーチミンへのトラック輸送サービスを提供している。また、小売りや外食のカンボジアでの需要を見込んで、日本の物流企業による低温輸送も本格化しつつある。郵船ロジスティクスはカンボジア・ベトナム間で保冷混載輸送をはじめた。鴻池運輸もベトナム・タイ・カンボジアの3ケ国を結ぶトラックによる冷凍・冷蔵輸送サービスを、2014年8月から開始した。このように、日本の製造業をサポートする形で日本の物流企業によって様々なニーズにこたえられるサービスが出てきている。梱包などの周辺産業も地場企業との連携などの形で育成されて行く。こうした形でカンボジアの物流網も整備が進んでゆくと考えられる。流通システムにおいても進出したイオンが自らの調達網を整備する段階で技術が、カンボジアに移転、蓄積され、カンボジア流の流通システムができてゆくと見込まれる。日本企業が進出した場所では、必ず技術移転が伴っている。製造業における技術だけでなく、物流技術、あるいは人事・労務管理の技術など様々な技術が移転することで自らの効率化と同時に、周辺産業を含めたその国全体の効率化を進めるところに日本企業進出の特徴がある。

　カンボジアに日本企業の進出が加速していること自体が、カンボジアの明るい未来の可能性の証である。

5．まとめ

　ラオスとカンボジアの2国は、ASEAN10ケ国の中でも後発であり、経済発展に向けて動き出したばかりである。タイやベトナム、さらには中国という大国に隣接し、これまでは、投資を含めて大きく中国の影響を受けてきた。人件費が安いという利点の一方で、ソフト・ハード両面でインフラの整備が大きく遅れていることも両国の共通点である。

　製造業にとって人件費がすべてではない。その割合は限られている。資金や技術の不足する両国にとって、外資の誘致がどうしても必要である。そのためには、法的な整備や通関その他の業務の効率化を図ることが急務である。特に、カンボジアにとっては、電力の安定供給体制の構築も急がれる。

　両国にとっては、中国との関係よりもASEANと一体となった経済発展を進め

るのが望ましいと考えられる。現在進んでいるようにASEANを面と捉えて、インドシナ半島における国際水平分業体制の中に組み込まれるようにすることがラオス・カンボジア両国の発展を約束する選択肢であると考えられる。特に、日本企業がタイやベトナムの補完的工場を設置することで、それに必要なインフラの整備を支援し、製造や物流技術の現地への移転が進み、持続的成長が可能になるだろう。その国における持続的発展に貢献するという意味において日本企業の右に出るものはない。

　ASEANの一員として生きることがラオス、カンボジア両国の発展の必須条件である。

第4章

ミャンマー
── アジア最後のフロンティア

1．はじめに
（1）ミャンマー概況
　2011年、ミャンマーは現在のテイン・セイン政権になり民主化に舵を切り、欧米の制裁緩和と外資開放政策を機に、経済成長に拍車がかかっている。人口5,098万人の巨大市場は、「アジア最後のフロンティア」と言われ各国の投資が活発化している。

　2011年ヒラリー・クリントン米国務長官、翌年にはオバマ米大統領がミャンマーを訪問した。日本からは、2013年1月麻生副首相、同年5月安倍首相、8月には太田国土交通大臣、茂木経済産業大臣がミャンマーを訪問し、日本政府のミャンマーへの積極的な取り組みが伺える。ティラワ工業団地開発、日本の通関システムや郵便制度の導入支援などハード・ソフト両面における積極的支援策を打ち出し、実行している。その代表であるティラワ工業団地は、2015年に一部が開業予定である。

　ミャンマーの国土面積は約67万7千平方キロメートル、これは日本の面積の1.8倍に相当する。人口は5,098万人で、その平均年齢は28歳と若年層が厚い。人件費はタイの6分の1、ベトナムの3分の1という水準である。公用語はビルマ語であるが、英語も比較的通じる。また、国民の70％を占めるビルマ族のほかに、シャン族、カレン族、カチン族など135の少数民族がいる。国民の90％が仏教徒である。通貨はチャットで1チャットはおよそ0.1円である。GDP約567億ドル（2013年）、一人当たりのGDPは1,113ドル（名目、2013年）である。ミャンマーと日本の貿易は、日本向けの輸出は4位で、衣類が主な輸出品である。輸入では日本は5位に位置し、中古車が中心である。国民の80％は農業で生計を立てている（農業のGDPに占める割合は40％）。かつて英国の植民地であったことから高等教育を受けたものの多くは英語のコミュニケーションが可能である。ちなみに、ミャンマーの大学進学率は、国民全体の約10％である。識字率は高い。これは、貧しい子供たちを寺院が基礎教育を非公式な形で実践するという社会構造によるところが大きい。ミャンマーにおける寺院の教育面での役割は、かつての日本の寺子屋を想像すればよい。数字からはミャンマーは最貧国の一つであるが、ヤンゴン市内にはホームレス、物乞いは見られない。まだ貨幣経済が発達しておらず、多くが自給自足的な生活をしていることが伺える。また、生活困難者を救う寺院の存在も

大きいと思われる。

（2）最後のフロンティアとしてのミャンマーの可能性

　ミャンマーのGDP成長率は、2011年5.9%、2012年6.5%、2013年は8.3%に拡大、経済成長が著しい。2011年の民主化以前の軍事政権下の鎖国状態のミャンマーへの海外からの投資は中国を除いてほとんど停止されていた。その分、成長余力は大きいと期待できる。28歳と平均年齢が若く、上質な労働力が多いことや従順で穏やかであるが粘り強さを持つ国民性など、ミャンマーへの評価は高い。また、製造業において、その人件費は、約1,100ドル／年であり、労働賃金の安いことも魅力である。また、ミャンマーは後発開発途上国（LDC; Least Developed Country）に認定されているため、現地生産した製品を日本へ輸出する場合、日本の輸入時に関税がかからないというメリットがある。

　アパレルなどにおける脱中国、そして自動車を中心とした製造業におけるタイ・プラスワンの受け皿としてASEANにおける水平分業体制構築の構成要素の一つとして注目されている。こうした製造拠点としてだけでなく、5,098万人という大きな市場としての期待もミャンマーが注目されている理由である。

　2013年のミャンマーの一人当たりGDPは1,113ドルであるが、550万人の人口を擁するミャンマー最大の都市ヤンゴンだけを取り上げればすでに2,000ドルを超えており、サービス事業が拡大し、消費が大きく伸びるクリティカル・ポイントとされる3,000ドルを、2018年には超えると見られている。

◆表4-1　ミャンマーに進出の主な外食企業

主力商品	ブランド名または運営会社	国
ハンバーガー	ロッテリア	韓国
	マリー・ブラウン	マレーシア
	フレッシュネスバーガー	日本
アイスクリーム・菓子	スウェンセンズ	カナダ*
	チューウィ・ジュニア	シンガポール
フライドチキン	BBQ Chicken	韓国
日本食	オイシ・グループ	タイ

出所：日経MJ　2014.4.28
＊ミャンマーの運営会社はタイ。

　ミャンマーは、製造拠点と同時に市場としての魅力を併せ持っている。このため、製造業と同時並行的にサービス産業が進出しているのがミャンマー進出の特徴である。2011年以降、ミャンマーでは、製造業の進出が盛んであるが、一方でコンビニをはじめとする小売りや外食産業にも外資の参入が目立っている。ハンバーガーやアイスクリームなどで韓国、マレーシアやタイ資本の進出が見られる。ミャンマーの外食産業の市場規模は約28億ドルであり、ベトナムやタイの1割程度とその規模は、まだ小さい。2014年3月消費者保護法が成立した。これは、食品産業や外食企業に対して製品に対する安全配慮を義務付け、違反企業には罰金を課す内容となっている。消費者保護法は、外資企業には追い風になると思われる。コンビニやスーパーなどの小売業及び外食産業にとって低温物流インフラは欠かせない。こうした低温物流のニーズを先取りしてミャンマーに低温物流ネットワークを構築する物流企業も出ている。後述の流通卸最大手の国分もその一つである。

　しかし、ミャンマーはまだ消費社会の前の段階である。現在進出している企業の多くは、先行者メリットを求めてのものであり、まず地位を確立しておこうというものであると推測される。

　ミャンマーに対する期待と現実には大きな乖離がある。現在のミャンマーは、法体系もビジネスシステムも経済統計もないに等しい国である。ミャンマーの人口は、これまで6,200万人程度といわれてきたが、2014年3月に30年ぶりに実施さ

れた国勢調査による結果5,098万人と発表された。各種経済統計はあるがどこまで信頼できるか、ミャンマーでビジネスをはじめる場合には注意が必要である。

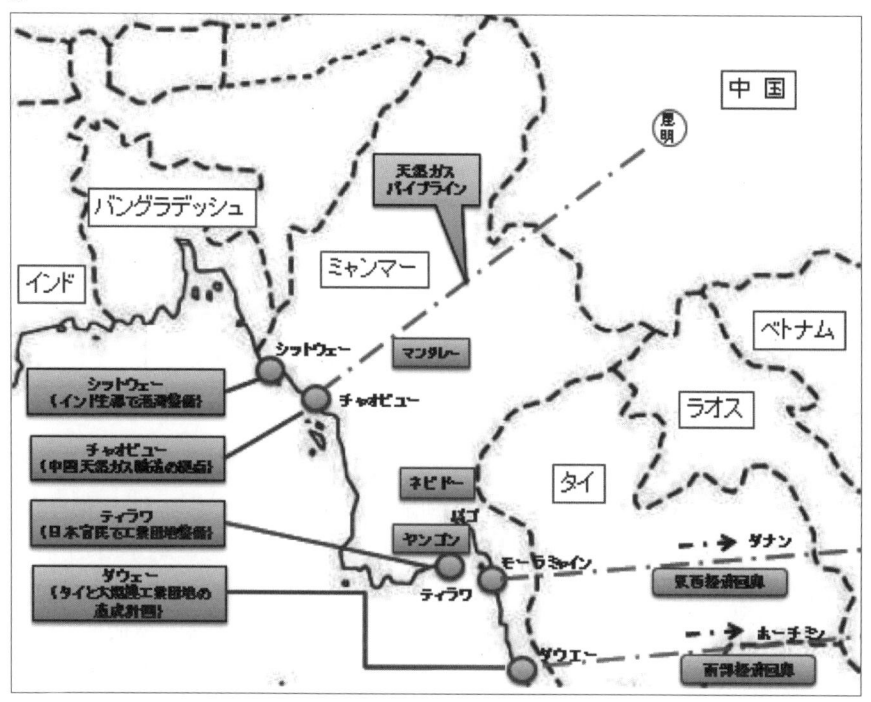

図4-1　ミャンマーの位置関係図

出所：日経新聞（2013.11.13）等を参考に作成

　ミャンマーの開発は途に就いたばかりであるにもかかわらず、なぜミャンマーがそれほど注目、期待されるのか。それは、ミャンマーの地理的優位性に他ならない。ミャンマーの将来の発展可能性もこの点にある。ミャンマーは、人口13億人の中国、人口12億人のインド、そしてタイ、ラオスと国境を接する。タイは、人口6億人を擁するASEANの窓口であることを考えれば、ミャンマーの周辺には30億人の人口があることになる。世界の40％以上の人口がミャンマーを囲む位置にいる。この点こそミャンマーの重要な点であり、今後の発展が期待される理由である。中国は、チャオピュー港を開発、ここを拠点に中国の昆明まで天然ガ

スのパイプラインを完成させ天燃ガスの輸送を可能にしている。インドは、シットウェー港を整備している。タイは、ダウェー港の開発に取り組んでいる。ホーチミンからバンコクを経由してダウェー港へと南部回廊が結ぶ。バンコクからダウェーへは陸路で300キロメートルに位置し、東南アジアからインド洋への拠点として期待される。ダナンからラオス、タイ経由モーラミャインを結ぶ、東西回廊もまもなくミャンマーまで開通の見込みだ。ミャンマーがこの地域の輸送の要となることが期待されている。

2．日本政府と日本企業の動向
（1）日本政府のミャンマーへの支援

日本政府はODA（政府開発援助：Official Development Assistance）を活用しながらミャンマーの経済成長を積極支援する姿勢を示している。2013年には、安倍首相、麻生副首相、太田国土交通大臣、茂木経済産業大臣などが相次いでミャンマーを訪問し、経済協力を表明している。

日本政府は、日米が連携し、官民協力してミャンマーの発展を後押ししようとしている。最大の案件が、ティラワ工業団地の開発である。また、ソフト面でも、税関業務の支援としてNACCS[注]のミャンマーへの提供を決め、税関職員1名を派遣している。また、日本の郵便システムもミャンマーに輸出される予定である。インフラ面でも、空港、港湾など官民一体となって支援する姿勢を鮮明にしている。

水上交通網の整備支援も日本政府のミャンマー支援の一つのあらわれである。ミャンマーでは陸上交通網が未整備であるため国内の物資の大半が河川を利用した水運によって運ばれている。日本政府は、まずヤンゴン近郊を結ぶ通勤船3隻の無償供与を決めた。続いて、数年内に円借款や国際協力銀行（JBIC）の輸出入金融を使って河川用の旅客船や貨物船を約40隻建造する。造船所の保守、管理のために技術者の派遣や研修の実施なども計画している。

（注）NACCS (Nippon Automated Cargo and Port Consolidated System) は、入出港する船舶・航空機及び輸出入される貨物について、税関その他の関係行政機関に対する手続及び関連する民間業務をオンラインで処理するシステム。

◉ **写真 4-1**　税関待合所風景

著者撮影

（2）ティラワ工業団地開発

　ミャンマーにはいくつかの工業団地があるが、電力や工業用水など十分なインフラの整った工業団地は、ヤンゴンの北20キロメートルに位置するミンガラドン工業団地のみといえる。この工業団地は1998年、三井物産とミャンマー政府が共同で造成したものである。その後、軍事政権下、ミャンマー政府とシンガポール企業によって運営されている。現在空きはない。

　日本とミャンマーが共同で開発しているのがティラワ工業団地である。2012年日本、ミャンマーの両政府が共同開発することが合意され、2013年11月着工、2015年半ばの開業を予定している。ティラワ工業団地はミャンマー最大都市ヤンゴンの南東約20キロメートルに位置する。同工業団地は、経済特区（SEZ）にあり進出企業は法人税の減免措置などが受けられる。三菱商事、丸紅、住友商事の3社が各3分の1出資の開発会社（MMST）39％、国際協力機構（JICA）10％とミャンマー政府（ティラワ経済特区管理組合）10％、ミャンマー企業9社41％による日本・ミャンマー官民連合の開発会社（MJTD；梁井崇史社長、日本49％：ミャンマー51％）を設立し開発を手掛ける。経済特区2,400ヘクタールのうち、まず400ヘクタールを開発、総事業費約170億円で、2015年半ばの開業を目指している。同工業団地は、電力、水道などのインフラが整備されたミャンマー初の近代的工業団地になる。日本政府は工業団地周辺のインフラ整備などの200～300億円の円借款供与を予定している。2014年6月現在、9ケ国・地域から45社が進出を

表明している。そのうち24社が日本企業（製造業19社、物流企業5社）である。
　ティラワ経済特区に隣接するティラワ港37区画のうち2区画を日本のODAで整備、2015年内にも第1船を受け入れる計画である。

図4-2　ティラワ工業団地開発における日本・ミャンマー共同事業体概要

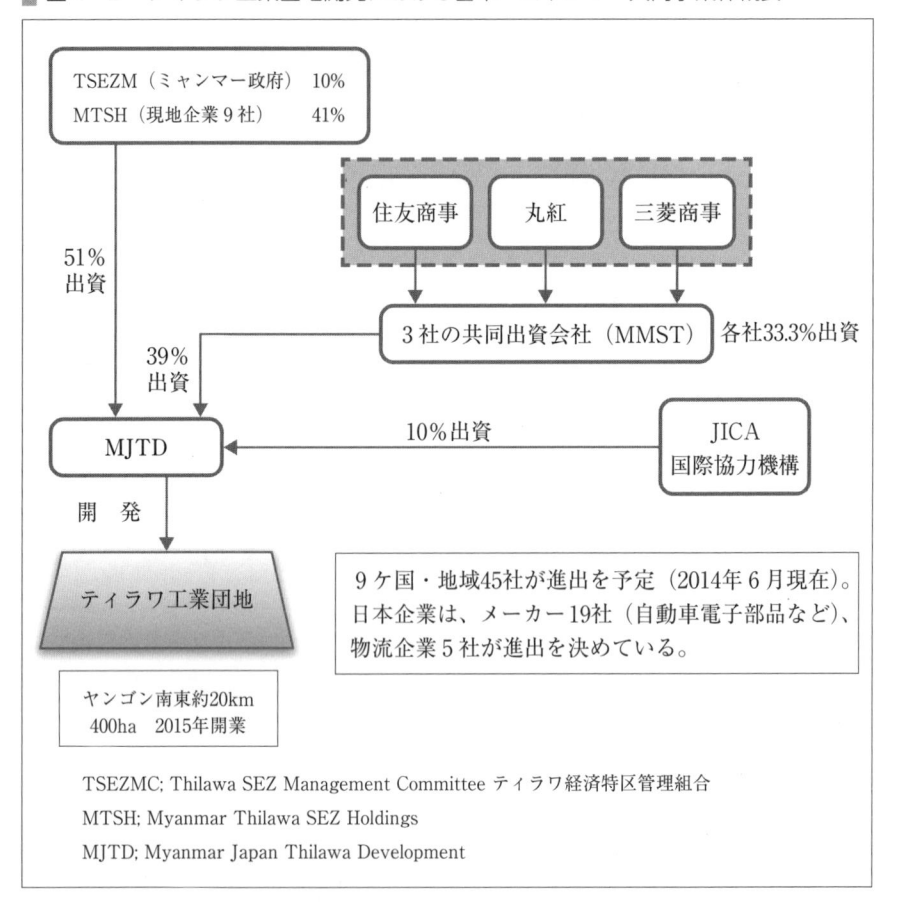

```
TSEZM（ミャンマー政府）   10%
MTSH（現地企業9社）      41%

        住友商事    丸紅    三菱商事
                    ↓
        3社の共同出資会社（MMST）   各社33.3%出資

51%出資
39%出資
                    10%出資         JICA
        MJTD ←─────────────         国際協力機構
        開 発
        ↓
    ティラワ工業団地

ヤンゴン南東約20km
400ha　2015年開業
```

9ケ国・地域45社が進出を予定（2014年6月現在）。日本企業は、メーカー19社（自動車電子部品など）、物流企業5社が進出を決めている。

TSEZMC; Thilawa SEZ Management Committee ティラワ経済特区管理組合
MTSH; Myanmar Thilawa SEZ Holdings
MJTD; Myanmar Japan Thilawa Development

（3）日本企業の進出

　日本企業は、ミャンマーではNATOと呼ばれる。NATOとは、「No Action Talk Only」から来たものだ。ミャンマーが民主化に舵を切ったのは2011年のことだ。日本からの投資は2011年の400万ドルが、2012年には5,400万ドルへと急増した。ち

なみに、日本の投資は6位で、首位は中国の4億700万ドルであった。日本人商工会議所の会員は、民主化に舵を切ってから2013年6月までの1年半で68社増加し、121社になった。全日空もいち早くヤンゴンへの路線を開設している。多くの企業が事務所や支店を開設している。ヤンゴンでは日本語情報誌は4誌、日本食レストランも100店を超える。

　進出企業も縫製や自動車などの製造業、物流業、金融業、さらにダイソーやミニストップなどの小売り、学研や公文などの教育産業などあらゆる分野に及んでいる。現地ではNATOといわれるが、これまでの日本企業からするとかなり早いスピードだといえるのではないだろうか。ミャンマーは、まだまだ発展前段階であり、最大の問題は、インフラの未整備だ。比較的インフラが整備されているミンガラドン工業団地は空きがない状況である。進出した企業は、電力や工業用水から人材不足など多くの問題に苦労しているのが現実である。こうしたことを考えるともっとじっくり検討してからでも遅くないという考えもある。全日空は、現地の航空会社と業務提携し、ミャンマーへの航空事業の進出を決めたが、パートナーとの問題などからこの計画は白紙に戻っている。

　オフィスや住居、ホテルが絶対的に不足、高騰している。ミャンマーを訪れるビジネスマンが急増したため、ホテル代は、70〜80ドルから200〜300ドルへと大幅に値上がりした。オフィスの賃貸料は1平方メートル当たり90ドルである。これはシンガポールの1.4倍、ジャカルタの2倍、ホーチミンの3倍のレベルであり、今やアジアで一番高い。2014年半ばになりやや落ち着いてきたようである。

　日本企業のミャンマー進出の具体例をいくつか拾ってみた。

① **日新運輸**

　日立物流グループとしてのアジア戦略の一環として2012年12月ミャンマーに現地法人を設立した。日新運輸が55%、現地企業が45%出資。ミャンマー進出は、荷主企業のチャイナ・プラスワン戦略に合わせた事業戦略である。ヤンゴン北部周辺には4つの工業団地があり、日新運輸もそのうちの一つに、敷地面積12,000平方メートル、延べ床面積3,500平方メートルの流通加工施設を持った「ミャンマーセンター」を開設した。水道が整備されておらず、区画が与えられた後自分たちで水道設備を整備した。ここでは、主として、検品、検視、仕分けなどの流通加

工サービスを行っている。130人の現地従業員が、主として、衣料・雑貨の検品作業を行っている。センターではそろいの制服を着たミャンマー人女性作業員が整然と作業をしていた。センター内も整然としており、作業品質の高いことが伺える。また、同社は日本とミャンマー及び、ASEAN域内などの一貫輸送などフォワーディングにも力を入れている。

◉ **写真 4-2**　日新運輸「ミャンマーセンター」での検品作業風景

著者撮影

◉ **写真 4-3**　日新運輸「ミャンマーセンター」での検品作業風景

著者撮影

② **国分**

食品卸大手の国分は、現地資本と合弁でヤンゴンとマンダレーの2大都市で低

温倉庫を整備し、ミャンマーでの低温物流事業に進出することを発表した。ミャンマーはあらゆるインフラが未整備であり、農業が同国の大きな産業であるにもかかわらず、農産物の流通システムが整備されておらず流通段階での食品の腐敗、破棄が大量に発生している。こうした状況を背景に国分の得意分野である低温物流のニーズが高まると見込んでの進出である。国分にとって、低温物流事業の海外進出は、中国、ベトナムに次ぐ3ケ国目である。

現地パートナーは、ミャンマーの優良企業と評価の高いサージ・パン&アソーシエイツ（SPAグループ）傘下の2つの投資グループである。星港ヨマ・ストラテジック・ホールディングス（YSH）とファースト・ミャンマー・インベストメント（FMI）の2社で、合弁会社の出資比率は、国分50％、YSHが30％、FMIが20％の予定である。

③ 商船三井

商船三井は、1889年に貨物船「彦山丸」がヤンゴンに寄港以来、ミャンマーとの関係は100年以上の長い歴史を有する。2011年ミャンマーの民営化方針を受け、いち早く100％出資の現地法人「ミャンマーMOL」を設立し、翌2012年3月にはヤンゴン・シンガポール間の自社フィーダーサービスを開始している。RCLと共同で、クレーン付きコンテナ船を投入、5～6日間隔でのサービスを提供している。当初は450TEU型コンテナ船を投入したが、2014年3月、1,000TEU型へ投入船を大型化している。2012年のヤンゴン港全体のコンテナ取扱量は42.5万TEU（2012年）であり、ミャンマーMOLのシェアは約7％と推定される。2013年のコンテナ輸出入貨物量は55.6万TEUに増加した。ミャンマーMOLの代表のジョー・カム氏は、「現在MOLのミャンマーでのビジネスはコンテナ船が中心だが、将来は自動車やバルクなどに事業を拡大したい。また、ヤンゴン港のコンテナターミナルは、ヤンゴン市内のアジアポートターミナル（AWPT）、ミャンマーインダストリアルポート（MIP）、ボー・アウン・ジョーターミナル（BSW）及び、ヤンゴンから約20キロメートル離れたティラワ経済特区に隣接したティラワ港にあるMITTがある。現在ほとんどのコンテナ船がAWPTとMIPを使用しており、MOLもMIPを使用している。しかし、2015年にティラワ工業団地が稼働をはじめれば、海上貨物の中心もティラワ港に移るだろう」と語った。商船三井がヤンゴ

ン港へ配船開始してから、OOCL、日本郵船、エバーグリーン、韓進海運、インターエイシアライン、ワンハイなどの船社が共同配船や、スロット交換を通じてサービスの提供をはじめた。

④ 上組

トラック運送事業及び農産物販売に伴う物流を現地大手企業と合弁で立ち上げた。トラック事業はミャンマー最大手の物流会社エバーフローリバー社（EFR）と合弁で事業をはじめる（Kamigumi-EFR Logistics (Myanmar) Co., Ltd.）。車両は日本から持ち込む。180台体制でトラック運送事業をはじめた。また、農産物物流では、ミャンマー・アグリビジネス・パブリック・コーポレーション（MAPCO）(注)との合弁事業を立ち上げ、穀物など農産物の集荷・加工・販売を手掛ける。ミャンマー国内に8ケ所の物流施設を整備する計画である。輸送はEFR社と設立した合弁会社のトラックを利用する。

上組のミャンマーでの事業は、一般的に物流企業の海外への進出形態であるフォワーディング中心の事業ではなく、日本で行っている物流事業をそのままミャンマーで展開するというイメージである。

(注) 2012年設立のミャンマー最大のコメ集荷・販売の国策民営会社。三井物産と合弁で、Myanmar Japan Rice Industry Co.,Ltd（MJRI）を設立。年間10万トンのコメ輸出と5,000トンの国内販売を計画している。また、ヤンゴン管区内トンテー市に精米工場を新設する見通しで、2015年の操業を予定している。

◆ 表4-2　ミャンマー進出の主な日本企業

	企業名	適用
物流企業	鴻池運輸	駐在員事務所
	日本通運	南アジア・オセアニア日本通運が支店設置
	阪急阪神エクスプレス	現地法人を設立し国際貨物の輸送手配
	日新	駐在員事務所
	上組	事務所、現地企業と合弁でトラック事業
	楠原輸送	支店
	鈴与	タイ法人が事務所開設
	日新運輸	現地法人
	フジトランス	支店・事務所

物流企業	東陽倉庫	支店・事務所
	三菱倉庫（ジュピターグローバル）	現地法人
	商船三井	現地法人
	イースタン・カーライナー	現地法人
	鈴江コーポレーション	タイ法人が事務所設置
	郵船ロジスティクス	現地法人
	近鉄エクスプレス	支店・事務所
	日本ロジテム	支店・事務所
	ケイラインロジスティクス	支店・事務所
	日本トランスシティ	駐在員事務所
製造企業	日産自動車	2015年完成車の生産開始。『サニー』など年1万台規模を計画
	本田技研工業	駐在員事務所を開設し、タイなどから二輪車を輸入、販売する方針
	スズキ	四輪車の生産を再開。2010年まで操業していたヤンゴン市内の既存工場で、小型トラック『キャリイ』を生産
	アスモ	自動車部品、2014年1月から生産開始
	ハニーズ	ヤンゴン近郊で縫製工場を稼働。日本向けに輸出
	クロスカンパニー	ミャンマーで委託生産
	JFEエンジニアリング	ミャンマー政府と合弁で橋梁工場の建設を計画
	ニプロ	駐在員事務所（医療機器等販売）
	王子ホールディングス	段ボール工場の建設を予定
	ユニ・チャーム	現地企業を買収し、紙おむつなど販売
	日本ハム	丸紅と鶏肉事業に参入
	ナイガイ	スポーツ手袋をバゴーで製造
	ロート製薬	目薬・スキンケア製品の製造・販売を計画
	味の素	2000年から休止の生産・販売事業を再開する
	伊藤園	駐在員事務所設立。投資環境・市場調査を開始
	住友電工	ワイヤーハーネスの生産拠点構築を計画
	ヤマハ発動機	ヤンゴンに販社設立
	キリンホールディングス	『一番しぼり』の輸入販売を計画
	東芝	拠点設立を計画
	富士ゼロックス	シンガポール法人がヤンゴンに支店開設
	フォスター電機	2017年、自動車用スピーカーの新工場開設

金融・サービス	みずほコーポレート銀行	出張所（営業活動、取引先サポート）
	太陽生命	駐在員事務所（事業環境調査）
	NTTコミュニケーションズ	支店（情報通信サービス提供）
	サーバーミッションズ	支店および子会社（ソフト開発）
	公文	公文教室
	学研	小学生向け学習塾
その他	住友商事	NECと高速大容量の光通信網を整備
	三菱商事・丸紅・住友商事	ヤンゴン近郊のティラワ工業団地の開発計画を主導
	三井物産	現地企業と組み米の精米・加工・販売事業に着手他
	清水建設	事務所（営業情報収集）
	JTB	合弁会社を設立し、空港と市内を結ぶバスを運行
	トランスインドジャパン	現地法人
	GTCエイシア	現地法人
	大創産業	現地企業フランチャイズ形式でヤンゴン市内に出店
	ミニストップ	現地流通大手シティマートと提携し出店を計画
	イオン	トップバリューの委託生産を2014年10月から開始
	国分	ヤンゴンなどで低温物流事業に進出
	サッポロ	現地商社と提携、2015年から飲料生産
	アサヒ	ミャンマー飲料大手と炭酸飲料の合弁会社設立

出所：各種新聞報道等を参考に作成

（注）日本企業以外では、ロッテリア（韓国）、コカコーラ（米）、ペプシコーラ（米）、GE（米）、フィリップス（オランダ）、テレノール（ノルウェー）、トタール（仏）、フォルクスワーゲン（独）、フォード（米）、ロレアル（仏）、アコー（仏）、パークソン（マレーシア）などが進出あるいは進出を表明している。

3．ミャンマーの物流

（1）国内輸送

　ミャンマーの国内輸送は、内陸水運が中心となっているところに特徴がある。エーヤワディ川（旧イラワジ川）を使った、ヤンゴンとマンダレー間が中心である。国内物流は、東西方向はエーヤワディ川で分断されているため、南北を中心とした交通体系になっている。

　ミャンマーの国内輸送量（2011年）は、10,616千英トン（英トン（ロングトン）＝1,016.1キログラム）、輸送活動量（重量×距離；トンマイル）では、1,767,470千トンマイルであった（**表4-3**）。輸送機関別の割合を見ると輸送重量ベースでは、

水運45.1％、鉄道32.1％、自動車22.8％、航空0.1％未満である。また、輸送活動量では、水運42.6％、鉄道39.5％、自動車17.9％、航空0.1％未満である。このように、重量ベース、輸送活動量どちらにおいても水運が40％以上を占めている（図4－3）。ここでは、水運は河川輸送を意味し、沿岸輸送はミャンマーの統計上は含まれていない。日本やタイにおいては、トラックが90％以上を占めているのと比べると大きく異なる（図4－4）。ミャンマーの国内輸送が大きく水運に依存する背景には、道路など物流インフラの未整備が最大の理由として挙げられる。

◆表4－3　ミャンマー輸送機関別輸送実績

単位：1,000

	鉄道		航空		水運		自動車		合計	
	Long-ton	TonMile	Long-ton	TonMile	Long-ton	TonMile	Long-ton	TonMile	Long-ton	TonMile
1991	1,930	306,861	2.0	688	2,491	325,643	914	76,841	5,337	710,033
1996	3,112	551,594	2.0	482	3,176	322,601	4,352	147,393	10,642	1,022,070
2001	3,551	750,040	2.0	705	3,863	344,381	1,485	189,893	8,901	1,285,019
2005	3,878	544,592	0.9	254	4,307	453,359	2,108	246,974	10,294	1,245,179
2006	2,879	570,124	0.9	294	4,263	455,175	2,349	271,079	9,492	1,296,672
2007	2,823	551,073	0.6	179	4,284	519,983	2,380	282,589	9,488	1,353,824
2008	2,929	535,441	0.7	197	4,478	681,840	2,399	304,252	9,807	1,521,730
2009	2,952	569,869	0.6	163	4,658	639,444	2,416	314,909	10,027	1,524,385
2010	3,327	658,252	0.5	162	4,685	687,207	2,411	315,614	10,424	1,661,235
2011	3,408	697,848	0.5	153	4,786	753,689	2,421	315,780	10,616	1,767,470

出所：Statistical Yearbook 2011, Central Statistical Organization, Nay Pyi Taw, Maynmar 2012（Ministry of National Planning and Economic Development）
（注）Long-Ton　英トン。1,016.1キログラム。
　　　水運は河川輸送のみであり、Coastal（沿岸輸送）は含まない。

エーヤワディ川は、ミャンマーを南北に流れ、枝分かれした多くの支流がミャンマーの内陸水運網を構成している。その中心が、河口に位置するミャンマー最大の都市ヤンゴンと河口から800キロメートルの中流に位置する第2の都市マンダレーである。マンダレーのあたりでも川幅2～3キロメートル、河口とマンダレー周辺の標高差はわずか120メートルの大河である。内陸水運の総延長は、約6,550キロメートルあり、エーヤワディ川の河川港は300以上といわれる。ただし、ほとんどの港が貨物や旅客を運ぶ船が接岸できるだけというもので、港湾施設など整備されたものはない。荷役もほぼすべて人力に頼っているのが現状である。

ミャンマーの国内輸送が大きく河川輸送に頼っている理由として、先に道路など物流インフラの未整備だと記したが、このことは、水運のインフラが整備されていることを意味しない。港湾施設が手つかずというだけでなく航路標識なども必ずしも十分ではない。また、エーヤワディ川は雨季と乾季の水位差が大きく、その水位差は10メートルにもおよぶといわれる。

　内陸水運は運輸省傘下の内陸水運公社（IWT: Inland Water Transport）と民間企業が貨物、旅客輸送を担っている。IWTは450隻の船舶を所有、民間企業はほとんどが1杯船主で零細企業である。IWTの船舶を含め、そのほとんどが船齢40年以上という老朽船である。IWTには造船所もあるが、施設の老朽化が激しい。100年以上前のウィンチが今でも使われているという。軍事政権下でほとんど鎖国状態にあり、新しい技術や機械が入ってこなかったためである。港湾公社のオフィスでは、タイプライターがいまだ現役で使われている風景を目にした（**写真4-6**）。こうした古いものが修理しながら使われている風景は決して珍しくない。このことは、裏を返せば、機械の保守などの能力の高いことを示している。きちんと教育を受ければ最新設備などの導入において、その後の修繕、保守を自ら管理できることを意味する。このことは、ミャンマーの持続的経済活動の可能性を示している。太田国土交通大臣が訪問時にミャンマーに供与を約束した3隻の旅客船は、ヤンゴン市内を横切りエーヤワディ川の対岸との間を結ぶ通勤用の船舶の代替船である。その船はいずれも半世紀以上前に建造されたもので船底に穴が開いているのをボルトで塞いで運航しているというものである。造船、船舶修繕などの日本からの技術協力が期待される。

第4章　ミャンマー ― アジア最後のフロンティア

■ 図 4-3　ミャンマー国内輸送の輸送機関別割合

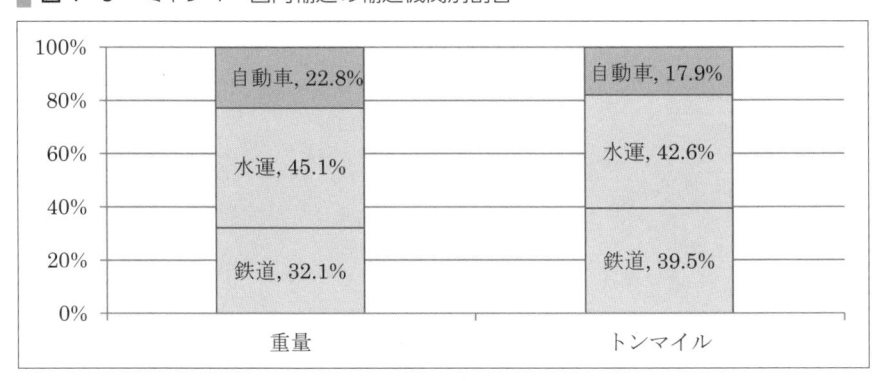

重量：鉄道 32.1%、水運 45.1%、自動車 22.8%
トンマイル：鉄道 39.5%、水運 42.6%、自動車 17.9%

出所：Statistical Yearbook 2011, Central Statistical Organization, Nay Pyi Taw, Maynmar 2012, Ministry of National Planning and Economic、The Ministry of Transport（www.mot.go.th）
（注）水運は河川輸送のみであり、Coastal（沿岸輸送は含まない）

■ 図 4-4　日本、タイ、ミャンマーの輸送モード比較（トン）

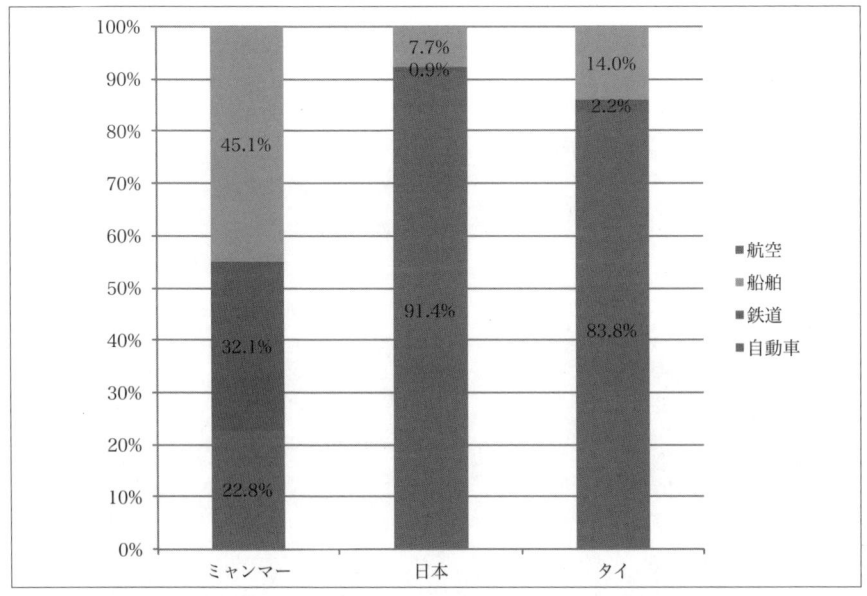

ミャンマー：自動車 22.8%、鉄道 32.1%、船舶 45.1%
日本：自動車 91.4%、鉄道 0.9%、船舶 7.7%
タイ：自動車 83.8%、鉄道 2.2%、船舶 14.0%

凡例：■航空　■船舶　■鉄道　■自動車

出所：Statistical Yearbook 2011, Central Statistical Organization, Nay Pyi Taw, Maynmar 2012, Ministry of National Planning and Economic、The Ministry of Transport（www.mot.go.th）
「数字で見る物流」（2013）日本物流連合会
（注）日本は2012年、ミャンマー2011年、タイは2009年のデータ。ミャンマーはCoastalを含まないが、タイはCoastal（5.8%）を含む。

物流の視点からみたASEAN市場

◉ **写真 4-4** マンダレーでの接岸風景

石見和久提供

◉ **写真 4-5** 荷役作業風景

石見和久提供

◉ **写真 4 - 6　ミャンマー港湾公社で今も使われているタイプライター**

著者撮影

　沿岸輸送について、ミャンマーのStatistical Yearbook（2011）には、港別の移出入の金額ベースのデータがある。国内輸送の主要港は、ヤンゴン（Yangon）港、コータウン（Kawthaung）港、メイ（Myeik）港、シットウェー（Sittwe）港がある。国内沿岸輸送の中心はヤンゴン港であり、ミャンマーの沿岸輸送の71.3%を占める。輸入貨物のほとんどがヤンゴン港を経由しており、ヤンゴン港から国内各港に輸送されるためである。ヤンゴン港の貨物は石油が59%、タイヤチューブが35%である。これら2つの商品がほとんどを占める。

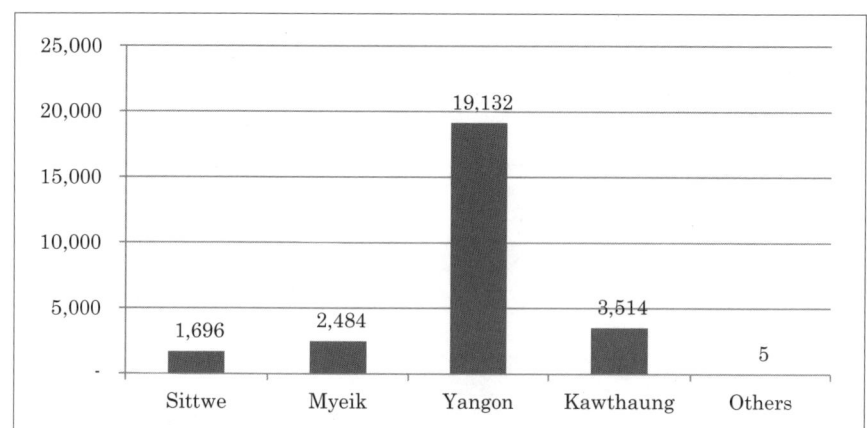

■ 図4-5　ミャンマー沿岸輸送港別国内貨物の移出入金額（2010年）　単位：百万チャット

港	金額
Sittwe	1,696
Myeik	2,484
Yangon	19,132
Kawthaung	3,514
Others	5

出所：Statistical Yearbook 2011, Central Statistical Organization, Nay Pyi Taw, Maynmar 2012（Ministry of National Planning and Economic Development）

　鉄道は、国有事業であり、民間企業の鉄道事業への参入はない。ミャンマーの鉄道は、そのほとんどが第2次世界大戦前に確立されたものである。2007年時点の鉄道線路延長は4,230マイル（6,810キロメートル）である。保有車両の多くが40年以上の老朽車両である。重要路線は、ヤンゴンとマンダレーを結ぶ623キロメートルである。このうちの複線化されているのは約40％である。また、ヤンゴン市内には約47キロメートルの環状線がある。一周に要する時間は2.5～3時間。ヤンゴン市内は交通量が増し、渋滞が発生していることもあり郊外の工業団地への通勤などに重要な役割を果たしている。老朽化が激しく、運行効率も悪いため環状線の機能強化が課題である。

　運送事業をしようとする民間の運送事業者は道路輸送管理局へ自動車登録後、輸送計画局により事業許可を受けなければならない（道路内陸水運運送法、1963年制定）。自動車の登録台数は約100万台（2008年）、そのうち約65万台が2輪車であり、トラックはわずか57,000台（軽トラック24,000台、重トラック33,000台）である。ミャンマーは産油国であるがガソリンはすべて輸入に頼っている。

（2）国際物流

① ミャンマーの港湾

　ミャンマーの外貿貨物を取り扱う港は、ヤンゴン港、シットウェー港など9港がある。港湾は、その役割により3つに分類されている。港湾公社（MPA）が港湾の整備・管理運営にあたる。輸出入貨物の80〜90％がヤンゴン港で取り扱われる。

　ヤンゴン港は、河口からヤンゴン川を32キロメートル遡ったところにある。ヤンゴン港から16キロメートル下流にあるのがティラワ港である。河川港であるため砂州に阻まれ入港できる船の大きさに制約がある。入港できる最大船型は、ヤンゴン港では、船長167メートル、喫水9メートル、15,000重量トン（DWT）、コンテナ最大積載数1,000TEUであり、ティラワ港は、船長200メートル、喫水9メートル、20,000重量トン（DWT）である。大型船が入港できないため、ヤンゴン港からの外航サービスはシンガポール接続のフィーダーサービスが中心となっている。

　ヤンゴン港の水位低下により、貨物積載量が制限されコスト増となることから船社によっては、ロー・ウォーター・サーチャージ（LWR）を課徴するケースもある。例えば、2014年2月、インターエイシアラインは、50ドル／20FT、100ドル／40FTのLWRを課徴している。

◆表4-4　ミャンマー港湾の分類

分類	港湾名
輸出入のための国際港	ヤンゴン港
国際輸出港	シットウェー港、パセイン港、モーラミャイン港、メイ港
国内沿岸輸送港	チャオピュー港、サンドウェ港、ダウェー港、コータウン港

② コンテナターミナル

　ティラワを含むヤンゴン港のコンテナ取扱量は、2011年が38万TEU、2012年には12％増の42.5万TEU、2013年には55.6万TEUであった。2016年には100万TEUになると見込まれている。

　現在、稼働しているコンテナターミナルは、ヤンゴン港のアジアポートターミ

ナル（AWPT）、ミャンマーインダストリアルポート（MIP）、ボー・アウン・ジョーターミナル（BSW）及び香港のハチソンが運営するティラワのティワラターミナル（MITT）の4ターミナルである。ヤンゴン港のコンテナターミナルはコンテナ専用ではなく、一般貨物も取り扱うのが一般的である。コンテナ取扱いのもっとも多いのがAWPTであり、全体の60％、次いでMIPが20％を占めていると推定される。　コンテナ荷役の為のガントリークレーンは、MITTが2基、AWPTも2012年に2基導入したが、全体としては十分ではない。そのため、就航するコンテナ船はギア付が主体となっている。設備的に一番整備されていると思われるMITTはRORO（Roll on Roll off）船 (注) が中心であり、コンテナの取扱量は多くない。但し、2015年に見込まれているティラワ工業団地が開業すれば、コンテナ取り扱いの中心は、ティラワ港に移って行くと見られている。

　ヤンゴン港は河川港であり、大型船の入港はできない。現在日本の主導で開発されているティラワ工業団地に隣接したティラワ港には、37の区割りされたバースがある（34-37は解撤ヤード）。このうち第5～9がMITTである。第22～26をODAによってターミナルを整備する計画があり、2015年末にも開業する予定である。

(注) 船体と岸壁を結ぶ出入路「ランプ」を備え、貨物を積んだトラックが、そのまま船内外へ自走できる構造の貨物船。

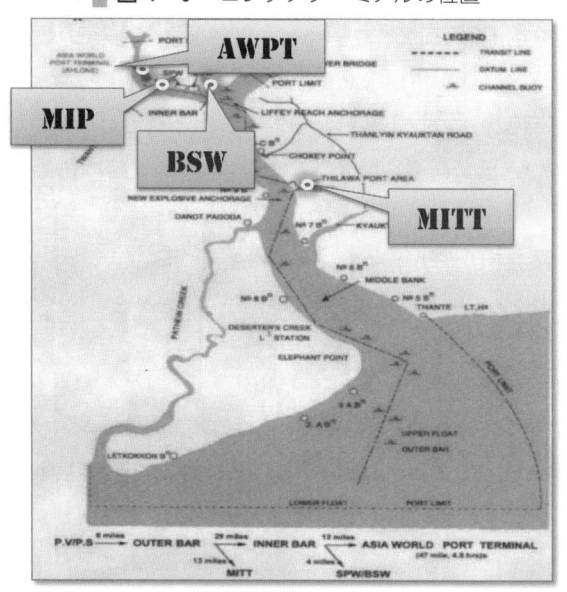

第4章 ミャンマー — アジア最後のフロンティア

図4-6 コンテナターミナルの位置

出所：資料提供　ミャンマーMOL

◆表4-5　ヤンゴン港のコンテナターミナル

ターミナル名	AWPT	BSW	MIP	MITT
	Asia World Port Terminal	Bo Aung Gyaw Street Wharves	Myanmar Industrial Port	Myanmar Int'l Thilawa
オペレーター	Asia World Myanmar	Myanmar Port Authority（MPA）	Capt Ko Ko Thu（Private Local）	Hutchison Whampoa
Jetty（埠頭）	534m	459m	310m	1,000m
クレーン	Nil	1（30.5Tons）	Nil	2（40Tons）
ガントリークレーン（G/C）	2	Nil	Nil	2
冷蔵コンテナ用プラグ	96	54	20	108
市内からの距離	4 km	1 km	3 km	32km

出所：ミャンマーMOL提供資料を基に作成

123

<アジアポートターミナル（AWPT）>

　港湾公社（MPA）とアジア・ワールド・ポート・マネージメント社がBOT(注)により一般貨物とコンテナ用岸壁を整備（25年間の土地リース）、1997年12月に最初のバースが稼働した。ガントリークレーン2基をはじめ、最新の荷役機器を備えており利用者の人気が高く、ヤンゴン港のコンテナの約60%を扱っている。

<ボー・アウン・ジョーターミナル（BSW）>

　港湾公社（MPA）が整備、運営するターミナルである。1998年稼働開始。

<ミャンマーインダストリアルポート（MIP）>

　ミャンマー企業のミャンマー・アナワ・スワン・アーシン・グループ社（第一工業省との合弁会社）によるBOTとして整備された。2003年稼働。ヤンゴン港取扱コンテナの約20%を取り扱っていると推定される。ガントリークレーンの導入を計画中である。

（注）build, operate and transfer；外国企業が自ら資金調達を行なって途上国にプラントを建設し、一定期間現地で操業を行い、その収益で投下資本を回収した後にそのプラントを相手国に引き渡す方式

<ティラワターミナル（MITT）>

　ハチソン・ポート・ホールディングス（HPH; Hutchison Port Holdings）がBOTにより一般貨物及びコンテナターミナルとしてティラワ港の第5～9バースを整備し、1998年運営開始した。延長は1,000メートル、後背地185エーカー、ガントリークレーンを2基配備し、コンテナ取扱能力15,000TEUというものである。現在はRORO船が中心となっている。

第4章　ミャンマー ── アジア最後のフロンティア

◉ **写真 4 - 7**　Myanmar Industrial Port

著者撮影

◉ **写真 4 - 8**　Myanmar Industrial Port

著者撮影

● 写真4-9　Myanmar Industrial Port

著者撮影

③ 越境物流（クロスボーダー輸送）

　ミャンマーは南北の輸送が中心で、東西は険しい山岳地帯が多く、近隣諸国との貿易についても基本的に海上輸送に依存している。近年、ミャンマーの民主化後の貿易量の増加を受けて、越境物流が注目されている。ミャンマーと国境を接する、インド、中国、そして他のASEANとの窓口として重要なタイとの越境物流の状況を以下に整理した。

<ミャンマー・タイ>

　バンコクから北上してタイの国境の都市メソート、ミャンマーの国境の都市ミャワディーを経由してヤンゴンまでの約870キロメートル（タイ国内445.2キロメートル、ミャンマー国内424.5キロメートル）を陸路で結ぶルートである。2013年ジェトロ（日本貿易振興機構）バンコク事務所と日本通運の共同実施の試験輸送の実績を踏まえ日本通運が2013年7月から商業輸送をはじめた。これまで海上輸送だと3週間を要していたが、このルートでは4日に短縮される。

　輸送ルートは、バンコク／アユタヤ／ナコンサワン／カンペーンペット／ター

ク／メソート／(国境)／ミャワディー／コーカレイ／パアン／タトン／チャイクト／バゴー／ヤンゴンである。トラックの相互乗り入れが認められていないので、ミャワディー・トレード・ゾーン (Myawaddy Trade Zone) でタイ車両からミャンマー車両に積み替える。タイ登録のトラックは8トントラック、ミャンマー登録は2トントラックである。ちなみに、タイのトラックは右ハンドル、左車線通行であるが、ミャンマーは左ハンドル、右車線通行である。日本通運はアパレルや消費財の輸送実績があるというが、このルートの利用拡大のためには問題点も少なくない。第1に、国境での通関など待機時間が長いこと。第2に、ミャンマー側の劣悪な道路状況である。山岳地帯であることに加えほとんどが未舗装であり、貨物への衝撃が懸念される。第3にミャンマーからタイへの貨物が少なく片荷になるため運賃が高くなる。第4に通関の煩雑な手続きのため費用が高くなることなどが挙げられる。海上輸送に比べ陸路輸送では3倍の運賃になる。

　日本通運以外にも、日新など複数の日本の物流企業が同ルートの商業輸送を検討している。

◆表4-6　バンコク／ヤンゴン間の陸路輸送と海上輸送のコスト比較　　単位：ドル

費用項目	陸路輸送	海上輸送
輸送費用	2,000	400
輸出入通関	400	160
輸入ライセンス	300	200
書類作成		250
積み替え	300	0
港湾諸費用	0	60
その他（一般管理費など）	300	30
合計	3,300	1,100

出所：ジェトロ資料（日本海事新聞　2013.6.24）

＜ミャンマー・インド＞

　ミャンマー／インドの国境地帯は険しい山岳地帯のため道路網が未整備である。2002年、インドは、北東部のインパールからミャンマーを経てタイのバンコクに至る約3,000キロメートルの道路網の整備を計画。また、ミャンマー西部の

シットウェーにおいて、大規模港湾開発をインドの建設大手によって進めており、ミャンマーと北東インドを結ぶ基幹道路の建設を検討している。

<ミャンマー・中国>

　ミャンマーのチャオピューから中国の雲南省昆明まで結ぶ石油・天然ガスパイプラインが完成した。総延長2,500キロメートル、輸送能力は石油が2,200万トン／年、天然ガスが120億立方メートル／年である。約2,500億円（関連施設を含めると5,000億円といわれる）を投資し、中国国有石油会社の中国石油天然気集団（CNPC）がミャンマー区間も含めた全区間を建設した。中国は、このパイプラインによって中東から輸入する石油やガスをマラッカ海峡や南シナ海を通らずにインド洋から直接内陸に輸送することが可能になった。

　パイプラインに関しては中国・ミャンマー両国で反対運動もある。昆明では石油精製施設建設に反対する抗議行動が起きている。ミャンマーでも山岳に住む少数民族による環境破壊を懸念しての反対運動が続いている。

④　ミャンマー港湾の課題と大水深港開発計画

　ヤンゴン港は河川港であり、土砂が堆積し港湾区域や航路の埋没が著しいため、港湾公社（MPA）が常時浚渫作業を行っているが、十分ではない。航路のもっとも浅い地点での水深は4.5メートルであり、潮位差6メートルを利用して入港するため潮待ちが必要である。それでも、ヤンゴン港に入港できるコンテナ船は1,000TEUが最大船型であり、今やアジア域内航路に就航する一般的なコンテナ船2,000〜4,000TEU型の入港はできない。今後ともヤンゴン港の拡張は困難であるため、外洋に面した大水深港湾の整備を計画している。現在考えられている大水深港の開発は以下の4港である。ダウェー港はタイ政府、チョピュー港は中国政府、シットウェー港はインド政府が積極的に推し進めているというように各国の利害によって開発が進められている。

<ダウェー港>

　ダウェー港は、モーラミャイン港の南350キロメートルに位置する。2008年にミャンマー・タイ両政府はダウェー大水深港と周辺開発に関する覚書（MOU；

Memorandum of Understanding）に署名した。タイにとっては、同港は南部回廊によってバンコクを中心にベトナムのホーチミンまでつながるインド洋側の拠点として重要な意味を持つものであり、タイの関心が高い港であるが、現在、タイ国内の政治的混乱もあり、開発計画は滞っている。

＜モーラミャイン港＞
　モーラミャイン港は、東西回廊の西側の終点に位置し、インド洋への窓口ともなるため、東南アジアからマラッカ海峡を通過する必要がない新たな物流ルートが生まれることになる。しかし、同港はタンリン川河口にあり水深が浅く、大水深港開発には適していないため現在のところ具体的な開発計画はない。

＜チャオピュー港＞
　チャオピュー港はバングラデッシュに面したラカイン州に位置し、中国雲南省からベンガル湾への物流ルートとして中国政府が開発に着手している。同港を起点とした雲南省昆明までのパイプラインはすでに開通している。

＜シットウェー港＞
　シットウェー港はチャオピュー港の北西約150キロメートルに位置する。チャオピュー港と同様にバングラデッシュに面したラカイン州にある。カラダン川河口にあり、シットウェー港からカラダン川を上ってインド北東内陸部ミゾラムまでの物流ルートを整備する計画が進んでいる。2008年、インド・ミャンマー両政府間で「カラダン複合輸送計画」に関するMOUが結ばれている。

4．まとめ

　一般的に、発展途上国への外資の進出形態は安価な労働力を使って主として軽工業製品を生産し先進国へ輸出するというのが従来のパターンであった。その結果、労働者の所得向上によって消費が活発になり、サービス業を含めた消費関連産業へと拡大するというものである。
　ミャンマーにおいては、製造業と同時に外食、小売、さらには教育、美容といったあらゆる産業が同時に進出している。この点が、従来の発展途上国への進出形

態と違う点と言える。

　日本企業は、現地ではNATOなどと揶揄され、その意思決定、行動の遅さを指摘されることが多いが、従来の日本企業に比べればその進出スピードは速いと言えるだろう。しかし、進出した企業の多くが法体系の未整備、インフラの未整備（電力や水等）、事務所や外国人向け住居の不足からくる賃貸料の高騰、あるいは経営能力のある人材の不足など多くの問題に直面しているのも事実である。これらは現在ミャンマーに進出している多くの企業が、将来のために早く地位固めをしておきたいという意図によるものであると推測する。ミャンマーに進出を考えている企業はこの点をはっきり認識してから決断すべきであろう。インフラが整ってから進出するという選択肢もある。

　現在のミャンマーには、まだ外国企業が進出、投資するための条件は整っていない。しかし、その将来性は十分あると考える。何よりその地政学上の利点である。中国、インド、ASEANの3つの大きな経済圏を結ぶ要衝にあるのがミャンマーである。また、勤勉な国民性や基礎教育レベルの高さなど、将来の持続的発展のための条件はある。軍事政権下で実質的に鎖国状態であったために、新しい技術や経営ノウハウが入ってこなかったことからマネージメント能力のある人材の不足や新しい機器が絶対的に不足している。ODAで問題になるのは供与した機械類などが一度壊れると修理ができないため放置されるというケースである。ミャンマーでは半世紀以上前の機械も修理して使い続けていることを考えれば、この点でのミャンマー国民の潜在能力は高いと評価できる。教育さえしっかりすれば新しい技術を取り入れることも難しいことではない。

　今、ミャンマーの発展に必要なことは、戦前の法律がいまだに生きているなど遅れた法体系の整備、電気、水などインフラの整備及び、資本主義的経営能力のある人材、あるいは各方面の専門家など教育である。

　日本政府、あるいはミャンマーに進出する日本企業の役割は、インフラ等のシステム輸出や技術移転と同時に教育面でミャンマーの発展に寄与することである。その結果、Win-Winの関係を築くことが可能である。

第5章

インドネシア
― 消費市場として期待される
　最大のイスラム国家にしてASEANの大国

1．はじめに

　インドネシアが沸いている。近年、経済は順調に成長を続けている。リーマンショック後の若干の落ち込みはあるが、直近の7年間の経済成長率は平均でおよそ6％と好調である。国民所得も伸び、中間層が増え消費も急速に拡大している。2010年には消費が大きく拡大するといわれる。一人当たりGDPが3,000ドルに達した。こうした状況を背景に、自動車メーカーをはじめ、日系企業に加えて欧州や中国、韓国などの主要メーカーの進出も相次いでいる。製造業だけでなく、飲食、サービスなどの消費産業の進出も盛んである。消費市場としての魅力は、世界第3位のバイク販売台数（700万台以上）や自動車販売台数123万台（2013年）に代表される耐久消費財売上の数字に表れている。

　マスコミでは、ベトナムやミャンマーが取り上げられることが多いが、インドネシアに注目、あるいは実際に投資、進出する企業は多い。

　2013年の対インドネシア直接投資は、前年比22％増となり、過去最高となった。中でも日系企業の投資は全体の17％を占め、シンガポールを抜き第1位となった。

　インドネシアは、世界第4位、2億4,000万人の人口を持つ大国であると同時に、国民の9割がイスラム教徒という世界最大のイスラム国家でもある。また、2015年末にスタートするAEC（ASEAN経済共同体）の構成国のなかでも、総面積、人口及経済規模（名目GDP）において、いずれもASEAN全体の4割を占めるASEAN最大の国である。人口は、2位のフィリピンの2倍以上、面積は、約189万平方メートル、2位のミャンマーのおよそ3倍、GDPの約8,700億ドルという数字は、2位のタイの2倍以上である。また、インドネシアは約1万3,500の島からなる世界最大の島嶼国家でもある。そして、何より大の親日国家としても知られている。

◆表5-1　インドネシア経済指標

	2007年	2008年	2009年	2010年	2011年	2012年	2013年
経済成長率（実質）	6.3%	6.1%	4.6%	6.1%	6.5%	6.2%	5.8%
GDP（名目）	4,330	5,088	5,613	7,071	8,471	8,794	8,696
GDP（名目）／人	1,862	2,191	2,349	2,977	3,498	3,562	3,500

データ：インドネシア政府統計　（GDP単位：億ドル、1人当たりGDP：ドル）

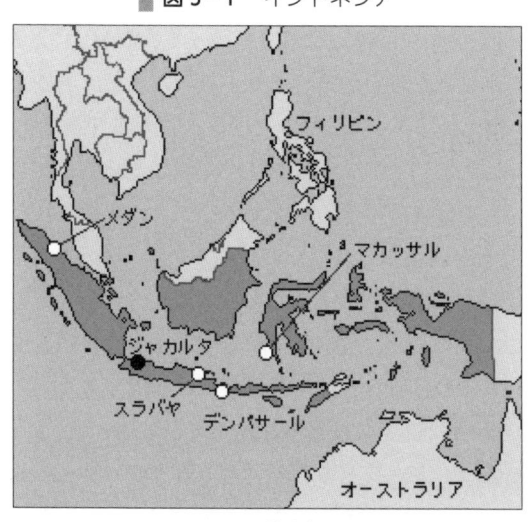

■ 図5-1　インドネシア

データ：外務省HP

2．日本・インドネシア関係

　日本は、インドネシアの最大の援助国である。インドネシアへの支援全体の52.5%が日本からの支援である。また、インドネシアの最大の輸出相手国は、日本である（14.8%）。輸入は、中国（16.0%）、シンガポール（13.7%）に次いで、日本（10.3%）は第3位である。

　2008年7月1日、日本・インドネシア経済連携協定(EPA; Economic Partnership Agreement）が発効し、インドネシアから看護師、介護福祉士の候補生が来日した。一定期間内（看護師3年、介護福祉士4年）に、日本の国家試験に合格すれば、引き続き日本で働くことができるというものである。これらの国家試験は、日本人にも難しいといわれており、インドネシア人には、ハードルが高すぎて制度自体に意味がないという意見も聞かれたが、2013年までに来日した、看護師候補生440名、介護福祉士候補生608名のうち、看護師候補生84名（合格率19%）、介護福祉士候補生167名（同27%）が合格した。この数字を、どう見るかは意見の分かれるところであるが、合格できなくて帰国した候補生によって、インドネシアの看護や介護福祉現場の水準が上がる効果があるというインドネシア政府関係者もいた。

インドネシアは大の親日国である。英国BBCが27ケ国に対して実施した調査、「その国に対して肯定的か、否定的な印象を持っているか」によると、インドネシアは、国民の85％が日本を肯定的と答えている。これは、調査対象国の中で第1位であった。言い換えれば、インドネシアは世界一の親日国だということである。AKB48の姉妹ユニットJKT48が人気を博していることは有名である。日本の漫画も大人気である。大規模書店には、インドネシア語に翻訳された「ONE PIECE」や「NARUTO」などが山積みされている。インドネシアへのお土産はドラえもん関連商品であれば何でも喜ばれるそうだ。日本語学習意欲も高く、高校で第2外国語に採用されている。また、日本語学校で学ぶ学生も多い。国際交流基金によると、インドネシアにおける日本語学習者数は、約87万人といわれる（2012年）。これは、中国の100万人に次いで世界第2位である。ジャカルタには、大戸屋、吉野家、山頭火、モスバーガーなど多くの日本の外食サービスの他、セブンイレブン、ローソンなどのコンビニやイオンなどのスーパーといった小売、公文や学研などの教育サービスなどあらゆる日系企業が進出している。また、モータリゼーションが始まったとされるインドネシアにおける日本車は95％、オートバイは99％という圧倒的なシェアを占めている。日系自動車メーカーが期待している市場だ。

　2014年、日本政府のインドネシアに対するビザ発給要件の緩和を受けて、訪日インドネシア人が増えている。インドネシア人のほとんどがイスラム教徒である。イスラム教徒の受け入れのためのハラール対応の分野で日本国内における新たなビジネスチャンスがあるだろう。

3．インドネシア経済好調の背景

　2004年にインドネシアで初めての直接選挙で誕生したユドヨノ大統領のもと政治的に安定したことで投資環境が改善し、対内直接投資が拡大した。これに加えて、中国はじめ新興国の経済成長により資源需要が拡大した。石炭や天然ガスなど資源大国であるインドネシアにとって追い風となった。対内直接投資の拡大、企業の生産活動の活発化、雇用・国民所得の増大と中間層の増加、そして国内消費市場の拡大という循環が近年のインドネシア経済好調の背景にある。さらに、近年は中国の人件費高騰による「チャイナ・プラスワン」の動きもインドネシア

にとっては追い風となっている。こうした循環の中で、失業率は大きく改善した。2006年に10％を超えていた失業率は、2013年には6.25％へと減少している。

4．期待される消費市場としてのインドネシアとその強み
（1）資源大国
　インドネシアには、豊富な天然資源がある。石油、天然ガス、石炭、金・銀・銅・錫・ニッケルなどの金属鉱石、生ゴム、パーム油などである。天然ガスの可採年数は41年、石炭の可採年数は14年ある。なお、天然ガス及び石炭の生産量は、国内消費量のそれぞれ5倍、2倍であり、これらが主要な輸出商品となっている。

（2）生産年齢人口の拡大
　15〜64歳の生産年齢人口が、それ以外の従属人口（0〜14歳、65歳以上の人口）の2倍以上ある状態を人口ボーナスという。中国やタイはすでに人口ボーナスの時期を終わっている。ベトナムは後10年間、人口ボーナスが続くといわれる。インドネシアは、それより長い20年間は人口ボーナスが続くといわれ、生産年齢人口は、今後70％に近づくといわれており、経済成長の追い風になる。

（3）2億4,000万人の大きな市場
　インドネシアは、世界第4位の2億4,000万人の人口を擁している。消費市場を支える中間層が、増加している。また、モータリゼーションは始まったばかりで、今後の成長の余地は大きい。まだまだ普及率の低い、自動車や高級電化製品など耐久消費財の普及が加速されると期待される。

（4）地政学的優位性
　ASEANの金融・経済の中心であり、航空・海運のハブの役割を持ち、情報が集中するシンガポールに隣接していること。また、背後には資源大国オーストラリアが位置するという地政学な優位性を持っていることも強みの一つである。

（5）中間層の拡大と耐久消費財需要拡大、ジャカルタ首都圏が消費を牽引

2010年、インドネシアの一人当たりのGDPが、消費が大きく拡大するといわれる3,000ドルに達した。モータリゼーションが始まり、車の年間販売台数も120万台を超えた（2013年）。インドネシア全体の一人当たりGDPは、2013年で3,500ドルであるが、地域によって大きな差がある。地域別に見ると、ジャカルタ以外の他の地域が概ね、2,000万ルピア～2,500万ルピアであるのに対して、ジャカルタは10,000万ルピアを超え、他地域の4～5倍と高い。そして、ジャカルタ及び隣接する西ジャワ州の一部を含む、ジャカルタ首都圏の人口は2,700万人にのぼる。これは、東京首都圏の3,700万人に次ぎ世界第2の都市である。つまり、ジャカルタを中心に高い所得の人口が多数存在していることを意味し、今後はさらに、上位中間所得層が増えると期待され、自動車など高額商品の需要の拡大が見込める。

◆ 表5-2　インドネシアの地域別一人当たり名目GDPの推移　　単位：万ルピア

地域／年	2005	2006	2007	2008	2009	2010	2011
北スマトラ	1,133	1,288	1,444	1,681	1,838	2,111	2,399
西スマトラ	982	1,151	1,281	1,500	1,602	1,800	2,017
南スマトラ	1,195	1,381	1,554	1,857	1,874	2,114	2,398
ジャカルタ	4,829	5,508	6,134	7,232	7.984	8,973	10,099
西ジャワ	1,115	1,296	1,463	1,675	1,842	2,077	2,347
中部ジャワ	736	882	974	1,141	1,232	1,374	1,538
東ジャワ	990	1,181	1,289	1,523	1,629	1,792	1,965

データ：みずほ総合研究所
（注）ルピア＝0.01円（2015年4月現在）

5．インドネシアの小売事情

インドネシアには小売店が全国で200万店あるといわれているが、そのほとんどが伝統的小売店である。これらの伝統的小売店は、「ワルン」と呼ばれる小規模個人商店である。スーパーマーケット、ハイパーマーケットやミニマーケットなどの近代的小売店の半分がミニマーケットといわれる。2011年、近代的小売店の中でミニマーケットの売り上げが、スーパーマーケット、ハイパーマーケットの売り上げを越えた。小売売上の85.2%をワルンが占め、近代的小売店の売上は14.8%

である。タイでは、すでに近代的小売店の売り上げが伝統的小売店の売り上げを上回ったことを考えれば、インドネシアにおける近代的小売店の拡大余地は大きい。ミニマーケットは、日本でいうところのコンビニである。ここ1～2年、セブンイレブン、ローソン、ファミリーマートなど日本のコンビニが相次いで進出している。イートインスペースに若者が集う、ちょっとリッチな場所として人気を集めている。インドネシアでは、小売業の形態として外資コンビニ出店が認められていない。そのため、セブンイレブンをはじめとする外資コンビニは小売業としてではなく、飲食業として、外資参入許可を得て参入している。そのため店内での飲食スペースは必須である。こうしたコンビニに若者が集い、ちょっとおしゃれな場所として人気が出ている。

インドネシアの大手コンビニは、地元資本のインドマレットとアルファマートの2大ミニマーケットが圧倒的シェアを持つ。インドマレットは、1988年設立、8,200店舗（2013年7月）を有し、鉄道チケットの購入や国際送金サービスがある。アルファマートは、1998年開業、7,000店舗（2012年末）を持ち、鉄道やLCCのチケットの購入ができる。最近インドネシアに進出したローソンはアルファ傘下である。インドネシア資本のミニマーケットは店舗によっては必ずしも24時間営業ではない。

外資系のコンビニで24時間営業の老舗が、300店舗（2012年末）を持つサークルKである。カナダのクシュター社とのライセンス契約である。次いで、セブンイレブンがある。ジャカルタ中心に100店舗（2013年9月）を展開する。現地資本Modern Putra Indonesia社が米国セブンイレブンとマスターライセンス契約のもとに運営している。

中高所得層の需要増を背景に、ミニマーケット以外にも外資系小売業の進出が盛んである。最近では、オランダのスーパー「SPA」が進出を決めた（2014年9月）。また、韓国のロッテショッピングもスーパー事業「ロッテスーパー」に参入した。

図5-2　インドネシアの4大ミニスーパー

6．インドネシア物流事情

　インドネシアの物流市場規模は、およそ500億ドルと見られる。そのうちの60％にあたる300億ドルが外資系物流事業者によって占められている。現地物流事業者が育っておらず、日系企業はじめ外資製造業の物流ニーズに応えられる事業者の多くは外資系物流事業者である。日系製造業のインドネシアへの進出企業を見るとトヨタ、ホンダ、日産、いすゞ、川崎重工、デンソー、パナソニック、シャープなど自動車及びその関連企業が多い。その他では、ワコール、日清紡、東洋紡、マンダムなどアパレル、化粧品メーカーが多い。このため、完成車や自動車部品など自動車関連及び、アパレルなどの物流を扱う日系物流事業者が多い。

　インドネシアに進出している主な日系物流事業者には、日立物流バンテック、伊藤忠ロジスティクス、日通、日新、辰巳商会、山九、上組、三菱倉庫、三井倉庫、住友倉庫、双日、伊勢湾海運などの他、川崎汽船など邦船社も完成車の陸上輸送を行っている。

　これまでは自動車物流が中心であったが、近年の経済発展に伴い増加する国内物流需要に対応する物流企業が増えている。例えば、日新は、2004年に現地法人「Nissin Transport Indonesia」を設立し、フォワーディング事業を展開していたが、2014年3月、現地フォワーダーと合弁で「Nissin Jaya Indonesia」(日新が90％出資) を設立し、ジャカルタ市内に延べ面積7,830平方メートルの自営倉庫を構え、7月倉庫業を開業している。これは、消費の伸びから生活用品向け材料の保管や配送サービスなど国内物流需要に応えるものであり、こうした動きが増えて

いる。

7．インドネシアの海事産業事情（海運・造船・港湾）
（1）内航海運
　インドネシアは世界最大の島嶼国であり、海運が重要な輸送手段である。内航海運事業者は零細事業者が多く、船腹保有量も十分でなく、外国船社による輸送が半分近く占めていた。国内海運業強化のために、インドネシア政府は2005年に大統領令第5号を発し、カボタージュの完全導入を決めた。これにより、内航海運に従事する船舶はインドネシア籍船でなければならない。インドネシア籍船の船舶を保有するのはインドネシア企業である必要がある。そのため、新たに内航輸送に進出する場合は、現地資本との合弁の形態が多い。例えば、商船三井は2012年にインドネシアのボンタン港等を積出港とする初のLNG国内輸送（最大300万トン）をはじめるにあたってインドネシアの海運会社トラダ・マリタイムと共同で新会社を設立している（トラダ・マリタイム51％、商船三井49％）。

　インドネシア籍船は、2005年から2011年までの6年間で約4,000隻増えている。しかしながら、LNG国内輸送に見られるように、合弁会社の形で実質的に外国資本が入るケースは少なくない。これは、輸送需要に対して、船腹量が絶対的に不足していること、そして国内資本及び輸送技術の欠如が背景にある。既存船舶の老朽化も課題であるが、それらの解消のための船舶建造に対する金融支援体制の不備も指摘されている。

　データは少し古いが2007年のインドネシア運輸省海上交通局（DGST; Directorate General of Sea Transport）によると、内航船の35％が船齢25年以上、55％が21年以上の老齢船である。また、内航船の調達の多くは中古船であり、日本の中古船の売船先の第1位は、インドネシアであり、輸入中古船の半数は日本からの輸入である。

（2）造船
　2014年10月就任したジョコ・ウィドド大統領の下、インドネシア政府は、国内の造船産業の振興のために支援策を打ち出す方針を明らかにしている。新設の海事担当調整相のもと進められており、付加価値税免除、関税システムの見直しや

造船会社が土地を借りる際に必要な資金を政府が肩代わりするなどの案が検討されている。こうした新政権の方針を受けて、常石造船がインドネシア進出を発表した。現地企業と合弁で、2016年からフェリーやコンテナ船などの内航船の修繕を開始、2019年には新造船の建造をはじめる予定という。日本の造船所として初めてのインドネシア進出である。2015年のAEC発効に伴いインドネシアを中心にフィリピン、マレーシアやシンガポールとの間の旅客、貨物の移動が増加することによる船腹需要の増大を見込んだものと考えられる。ジョコ・ウィドド大統領は、インドネシアを世界の「海洋の中軸」に育てる構想を掲げており、造船業では、韓国メーカーの進出も噂されている。

（3）港湾

　インドネシアの港湾は経済成長に伴う貨物取扱量の増加に比べ、港湾における取扱能力の不足及び、荷役設備、港内道路の老朽化やアクセス道路の未整備など関連インフラが絶対的に不足している。その結果、港湾混雑や物流渋滞が発生、経済のさらなる拡大の阻害要因となっている。インドネシアにおける最大のコンテナ取扱港であり、港湾貨物の半分以上を取り扱うのがジャカルタのタンジュンプリオク港である。同港のコンテナ取扱量は、659万TEU（2013年）と、すでに、その取扱能力の500万TEUをはるかに超えている。これは、世界のコンテナ取扱港ランキングで第21位に位置する。ちなみに、日本の港で最大のコンテナ取扱量を持つのは東京港の486万TEUであり、ランキングでは第28位である。

◉ **写真5-1　タンジュンプリオク港、コンテナターミナル**

著者撮影

　インドネシアにとって、コンテナ取扱能力不足を補うのが喫緊の課題であった。こうした状況を背景に、2014年12月、三井物産がコンテナターミナル運営の最大手であるシンガポールのPSAと共同でタンジュンプリオク港の沖合に海上ターミナルを建設し新プリオク港（カリバル港）を運営することを発表した。インドネシア港湾公社（ペリンドⅡ）が51%、三井物産が20%、PSAが19%、日本郵船が10%を出資して、コンテナターミナル運営会社「NPCT 1: New Priok Container Terminal 1」を設立した。水深16メートル、岸壁総延長850メートルの2バースのうち、2015年秋にも1バースを開業する予定である。外資規制があるため、ペリンドⅡからの出資が51%と過半を占めているが、三井物産が運営を主導する。NPCT 1は、8基のガントリークレーンを設置、1万8,000TEU型の大型コンテナ船の入港が可能である。コンテナ取扱能力は、150万TEU／年である。ちなみに、新プリオク港（カリバル港）は3段階で開発が予定されており、NCPT 1はその第1段階である。

8．まとめ

　インドネシアでは、毎年800万人の中間層・富裕層が増えており、今後消費市場として期待されている。こうした事情を背景に、2014年6月現在、インドネシアに進出している日系企業は1,763社で、2年間で約500社増えている（39.3%増）。このうち、全体の52.9%にあたる932社が製造業であるが、最近の特徴として物流業

の他、流通、外食、教育などの内需型産業の進出が目立っている。

　拡大する経済に比べインフラの整備が遅れていることがインドネシア最大の問題である。まず、電力不足が挙げられる。電力需要は、10年間で2倍になっており、需要増に供給が追い付いていない。インドネシアに進出するメーカーにとって電力対策は必須である。次に交通及び物流インフラの整備の遅れである。先述のとおり、港湾はすでにキャパシティを超えている。港湾の渋滞が常態化している。また、道路整備が、車の増加に追い付かず、幹線道路の渋滞が激しい。タンジュンプリオク港から市内まで通常1時間の距離が、3時間かかることも珍しくない。また、同港から、チカラン、カラワン、チカンペックなどの工業団地まで約50キロメートルに6〜8時間かかるともいわれる。地下鉄の建設が進められているが、それまでは交通渋滞の解消は望めそうにないのが現状である。物流・交通インフラ整備の遅れが、インドネシアの経済成長のボトルネックになりかねない。インドネシアにとって、電力及び、物流・交通インフラの早急な整備が喫緊の課題である。

第6章

ベトナム
― 耐久消費材の普及に期待が寄せられる

1．はじめに

　ベトナムは、1986年ドイモイ政策で、市場経済に方向転換したことを受けて、豊富な労働力、低賃金、比較的安定した政治を背景に1990年代に入り急速な経済成長を遂げた。近年は、「チャイナ・プラスワン」の候補として注目されている。製造業のワーカーの月額賃金は107ドル（ダナン）〜148ドル（ホーチミン）とタイ、フィリピンやインドネシアに比べても安い賃金と8,969万人（2013年）というASEAN第3の多い人口が強みである。ベトナムは、ASEAN主要国の間では、最後発国であり、一人当たりGDPは、1,902ドル（2013年）と所得水準は低く、冷蔵庫などの耐久消費財も普及度は低く、モータリゼーションはまだ始まっていない。しかしながら、一人当たりGDPは、2010年1,297ドル、2011年1,532ドル、2012年1,753ドル、2013年1,902ドルと順調に伸びてきており、中間層が確実に増えていることから、外食、小売りなどの流通・サービス産業にとって新たな市場として期待が高まっている。GDP成長率は、2004〜2008年の間の平均7％を超える数値からは若干減速しているものの5％台の成長を維持している（図6-1）。

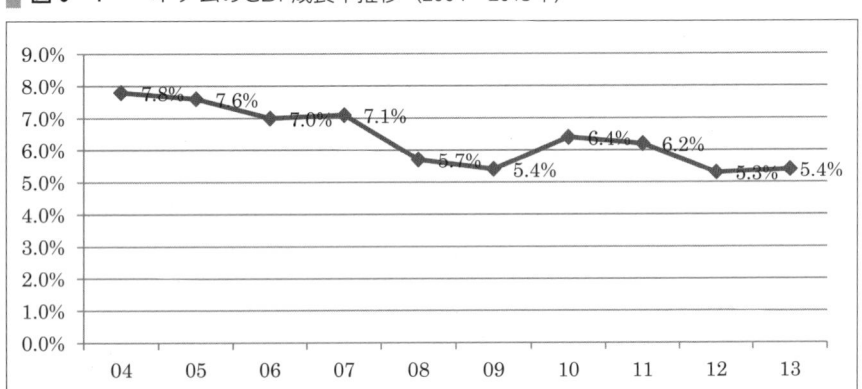

図6-1　ベトナムのGDP成長率推移（2004〜2013年）

年	04	05	06	07	08	09	10	11	12	13
成長率	7.8%	7.6%	7.0%	7.1%	5.7%	5.4%	6.4%	6.2%	5.3%	5.4%

出所：JETRO統計

2．日越経済関係

　日本とベトナムは良好な関係を保っている。ベトナムへのODAの最大支援国は日本であり、日本企業の投資は、現地の雇用増加にも貢献している。ベトナムへの直接投資の国別認可額の残高では、日本が最大シェアを占めている。2013年単年の新規投資認可は韓国がトップであった。これはサムスン電子の投資案件によるものである。ベトナムの低廉な労働力にウォン高を背景に韓国からの新規直接投資案件が増えている。日系企業の場合は、既存施設の拡張投資が多いのが特徴である。

　ベトナムの貿易相手国は、輸出では、縫製品、靴、水産物を中心に18.1%を占める米国向けが第1位である。第2位は、日本であり、以下、中国、韓国、マレーシアと続く。輸入では、第1位は中国、第2位韓国、第3位に日本と続き、以下、台湾、タイ、シンガポール、米国となっている。

　ベトナムに進出している日系企業は、ASEAN自由貿易協定（AFTA; ASEAN Free Trade Area）の物品貿易に関する協定（ATIGA; ASEAN Trade in Goods Agreement）を活用して輸出入を行うケースが増えている。ベトナムでのATIGAの輸出入関税は、一部品目を除き2015年にゼロ%になる。残りの品目についても2018年には完全撤廃される。

　また、日本・ベトナム経済連携協定（EPA; Economic Partnership Agreement）が2009年10月に発効した。これを受けて、2014年8月、看護師候補（21人）、介護福祉士候補（117人）合わせて138人が来日した。これは、インドネシア、フィリピンに次ぐ3ケ国目である。

◆表6-1　ベトナムの相手国別輸出入（2013年）

輸出（FOB）				輸入（CIF）			
相手国		金額（百万㌦）	構成比（％）	相手国		金額（百万㌦）	構成比（％）
米国		23,869	18.1	中国		36,954	28.0
日本		13,651	10.3	韓国		20,698	15.7
中国		13,259	10.0	日本		11,612	8.8
韓国		6,631	5.0	台湾		9,424	7.1
マレーシア		4,926	3.7	タイ		6,311	4.8
ドイツ		4,730	3.6	シンガポール		5,703	4.3
アラブ首長国連邦		4,139	3.1	米国		5,232	4.0
香港		4,107	3.1	マレーシア		4,104	3.1
英国		3,699	2.8	ドイツ		2,963	2.2
オーストラリア		3,514	2.7	インド		2,883	2.2
合計（含、その他）		132,135	100.0	合計（含、その他）		132,125	100.0

出所：ベトナム税関総局、JETRO

3．ベトナム経済の強みと弱み

　ベトナムの強みは、8,969万人という大きな人口と、ASEAN主要6ヶ国の中では最も安い低廉な労働力である。賃金は、中国の2分の1から3分の1という水準である。地理的にも、日本企業が多く進出している中国華南地方とタイの中間にあり、部材の調達に適した位置にあること、及び共産党独裁政権ながら政治的に安定していることもベトナムの強みである。

　弱点として5つ挙げられる。第1は、非効率な国営企業による支配体制である。ベトナムでは、不良債権問題が顕在化しているが、銀行の不良債権の70％が国営企業への貸し付けと言われている。第2は、腐敗・汚職の問題。第3は、法律・制度の不透明性の問題が挙げられる。第4は、道路等物流インフラ整備の遅れ、それに起因する交通渋滞がある。目先は弱点ではないが、敢えて第5の弱点として指摘する。それは、サムスン電子である。2013年のベトナムの輸出の第1位は、電話機及びその部品である。ベトナムといえば縫製業というイメージである。実際、2012年までの輸出の第1位は縫製品であったが、2013年には、電話機・同部品が第1位に、縫製品は第2位になった。電話機・同部品は前年比67.1％増、輸出

全体の16.1%を占める。これは、サムスン電子が2010年より北部バクニン省で携帯電話の生産をはじめ、世界各国へ製品を輸出していることが背景にある。2013年の電話機・同部品の輸出額は、212.4億ドルである。サムスン電子は、2014年3月に北部タイグエン省の第2工場も稼働をはじめており、2015年までに2億4,000万台、300億ドルの輸出を目指すとしている。つまり、ベトナムの輸出の第1位を占める電話機・同部品、すなわちサムスン電子の輸出である。言い換えればベトナムの輸出の10%以上をサムスン電子1社が占めているということである。一方で、ベトナムは電子部品の生産基盤が弱いことから電話機の部品の多くを韓国、中国、台湾から輸入している。ベトナムの輸入の第1位は、機械設備・同部品であり、この中には多くの携帯電話の備品が含まれている。サムスン電子は、携帯電話の輸出にハノイのノイバイ空港を利用しており、同空港で取り扱われる航空貨物の40%がサムスン電子関連の貨物という。現在は、輸出の牽引役としてベトナムの貿易に貢献しているが、産業集積の低さとサムスン電子への過度の依存は将来への不安要素でもあるということから、敢えて弱点として挙げた。

4．ベトナム消費市場

　ベトナムの一人当たりのGDPは1,902ドル（2013年）と所得水準が低く、モータリゼーションを含め消費社会に未だ至っていない。しかしながら、ASEANの特徴の一つが「都市消費」、つまり当該国の水準以上の購買力を持ち、人口の集中した巨大都市における旺盛な消費地域があることである。シンガポール、クアラルプール、バンコクはもちろん他にもジャカルタ、マニラなどが挙げられる。ベトナムのホーチミンもこれに該当する。ホーチミンには740万人の人口が集中しており、一人当たりのGDPは、ベトナム全体の2倍以上あり、2010年には消費が急速に拡大するといわれる3,000ドルを超え、2013年には、4,000ドルを超えている。

　こうしたホーチミンの旺盛な消費を見越して、2011年頃からホーチミンへの内需型産業の進出が目立っている。バーガーキング（2011年）、スターバックス（2012年）、マクドナルド（2014年）と外資外食企業が相次いで参入している。日系企業も、日清食品、キユーピー、ハウス食品など食品メーカーに続いてファミリーマートやミニストップなどのコンビニ、さらにイオンモールも2014年1月にホーチミンに1号店を開店、同年11月には、ホーチミンンから15キロメートルの

ビンズオン省に第2号店をオープン、多くの日系企業がテナントとして入っている。また、イオンは地元スーパーのCITIMARTと提携、イオンの商品販売をはじめた。また、2015年には、高島屋がホーチミンに開店予定である。

ベトナムの消費も、これまでは他のASEAN諸国と同様に、伝統的な市場で毎日の食材を必要なだけ購入するというスタイルであった。まだ、耐久消費財の普及が遅れているが、ホーチミンだけをとれば冷蔵庫の普及率は50％に達している。冷蔵庫の普及など都市部を中心にライフスタイルの変化、欧米化が進展している。大型スーパーが急速に増えているのは、こうした食生活を含めたライフスタイルの変化が背景にある。

これまで、ベトナムでは、一定地域での2店目以降の出店規制があり、また、認可基準も不透明であるため、外資系企業の多店舗展開が難しかった。2013年6月商工省通達08号により、500平方メートル以下の店舗を設立する際には一定の条件を満たせば規制審査対象外とされることになったことも外資流通業の進出には追い風となっている。

ホーチミンがベトナムの消費をけん引している状況から、外食や流通業が進出するに当たっては、ホーチミンに最初に進出し、その後ハノイなどへ拡大するというのが一般的である。

2015年1月、ベトナムの外食産業に対して外資100％出資による事業進出が可能になった。このことで、今後、多くの外資の外食チェーンがホーチミンを中心にベトナムに進出すると考えられる。

ベトナムのバイクの高い普及率は有名である。3人に1人がバイクを保有していると言われ、世界第4位の大きなバイク市場である。テレビもほとんどの家庭に普及しているが、それ以外の耐久消費財は普及が進んでいない。車を保有する世帯はほとんどない。しかしながら、所得が上がり中間層が増えてきていることから今後、耐久消費財の普及が進むと期待されている。しかしながら道路整備の遅れや駐車場の問題などから車の普及には疑問が持たれている。政府も、自動車登録税の引き上げなど車の普及を抑える措置をとっている。

◆表6-2　ベトナムの主要スーパーマーケット

企業名	国	店舗数 (内ホーチミン)	備考
COOP MART	越	65（25）	生活用品、食材
BIG C	仏	24（6）	生活用品、家電、食料品
Metro Cash & Carry	独	19（5）	タイ商社ベルリ・ユッカー（BJC）が買収、2015年上半期に買収完了
LOTTE MART	韓	5（2）	2020年までに60店舗目指す
CITI MART	越	26（5）	イオンと提携、AEON Citimartに名称変更
イオンモール	日	2（1）	1号店2014年1月開業、2号店同11月開業（ビンズオン省／HMCから15㌔）

出所：各種報道を基に作成

5．ベトナム物流事情

　現在のベトナムの物流では、2つの大きな動向を挙げることができる。それは、ベトナムに進出している40社といわれる日系物流企業の動きでもある。第1は、クロスボーダー（越境物流）輸送網の整備である。第2は、低温物流を中心に新規分野への物流サービスの拡大である。

　第1の、クロスボーダー輸送については、インドシナ半島の中心はタイのバンコクであり、ベトナムは遅れている。これは、バンコクの地政学的優位性に加えて、貨物の流れが主としてバンコクからベトナム向けが主であり、ベトナム出の貨物が少ないことも背景にある。

　「ベトナム・プラスワン」の動きが、ベトナムを中心としたクロスボーダー輸送ニーズの高まりとなっている。つまり、ベトナムから、カンボジアやラオスに第2工場を設け、ベトナムの工場の補完的なものとする動きである。ホーチミンからプノンペンへ、ハノイからはビエンチャンなどへの生産の分散化である。いわゆる「工程間移管」である。その結果発生する、部品等の工場間の輸送ニーズが高まっている。こうした製造業の要請を受けて多くの日系物流企業がベトナムのクロスボーダー輸送網の整備に取り組んでいる。ドラゴンロジスティクス（住友商事・鈴与）、日本ロジテム、日新、濃飛運輸倉庫、山九、郵船ロジスティクス、佐川急便などが挙げられる。その中で、クロスボーダー輸送とは異なるが、ユニー

クな取り組みをしているのが日新である。ベトナムは南北に長い。北の拠点ハノイと南の拠点ホーチミンの距離は1,720キロメートルある。このハノイとホーチミンの間の輸送を鉄道で行うという事業を展開しているのが日新である。実際の運営は、ベトナム国鉄の子会社と日新の合弁会社NR Green Logistics（2008年設立）が行っている。ベトナム国鉄と貨車のスペース供給について独占的契約を締結し、ハノイ・ホーチミン間を運行している。カーワゴン・コンテナ併用列車は毎日、また、コンテナ専用列車は週2便運行している。所要時間は72時間。完成車や2輪車輸送のための専用貨車を自ら開発、ターミナルも自社が運営し、ドア・ツー・ドアの配送体制を構築している。19両の貨車で1列車編成である。ベトナム国内輸送の輸送モード別の割合では鉄道は、1.3%である。また、内航海運が21.3%、トラックが77.4%である（2009年）。

◉ **写真6-1/6-2**　日新、自社運営の鉄道ターミナルと完成車輸送用の専用貨車

株式会社日新（廣澤）提供

● 写真6-3　ベトナム国鉄の急行貨物列車

株式会社日新（廣澤）提供

　第2の、低温物流需要の増加は、外食・小売業の進出によるものである。ホーチミンを中心に、外食やスーパーマーケット、コンビニなどの近代小売業が進出するにつれて生鮮食品や冷凍食品の保管や輸送の需要が増加した。これに対応するために低温物流のニーズが高まっている。こうした需要に応えるため鴻池運輸や名糖運輸などが低温倉庫の運営、低温輸送などコールドチェーンを整備、事業を拡大している。鴻池運輸は、1993年物流企業として初めてベトナムに進出、1998年には冷凍、冷蔵倉庫の運営を初めている。2014年に地元の冷凍・冷蔵事業者であるアンファAGを買収、傘下に収め、これを基盤にベトナムで小売りへの配送などコールドチェーン事業を拡大している。また、タイで冷凍・冷蔵事業を手掛けている川崎汽船も日本ロジテム及び海外需要開拓支援機構（クールジャパン機構）と合弁で2016年にホーチミン郊外に冷凍・冷蔵倉庫を開設することを発表している。しかしながら、ベトナムではまだ、食品温度管理への認識は低く、現時点では利益確保ができているかどうかは、疑問である。現在ベトナムで冷凍・冷蔵の保管・輸送のサービスを提供している日系物流企業の多くは、先行者利益が目的と思われる。コールドチェーンのみならず、宅配など日系物流企業は、中間層の増加と消費の拡大を見込んで新たな物流分野の開拓に乗り出している。

　ベトナムに進出する日系物流企業の多くは、現地資本との合弁会社の形態をとっている。事業内容によって出資規制があるためである。徐々に規制緩和されているが、水運、鉄道、トラックなど国内輸送分野では、まだ出資規制が強く残っ

ている。

◆ 表 6 - 3　ベトナムの物流分野における外資出資規制

輸送形態	業　種	出資規制
海　上	貨物輸送	・外資49％以下の合弁会社設立可能（ベトナム籍の船舶の運営） ・外資100％企業の設立可能（外航海運）
	コンテナ積み卸し業務	外資50％以下の合弁会社設立可能
	通関業務	外資99％まで可能。
	コンテナ保管業務	外資出資制限なし（2014.1から）
国内水路	貨物輸送	外資49％以下の合弁会社設立可能。
鉄　道	貨物輸送	外資49％以下の合弁会社設立可能。
陸　上	貨物輸送	外資51％以下の合弁会社設立可能。
すべての輸送形態に付随するサービス	コンテナターミナル業	外資50％以下の合弁会社設立可能。
	コンテナ以外の倉庫・保管業務	外資出資制限なし（2014.1から）
	貨物輸送代理業務	外資出資制限なし（2014.1から）
	その他	外資出資制限なし（2014.1から）

出所：JETRO他

6．ベトナム港湾事情

　ベトナムは、国土が南北に長く、北部・中部・南部の3つの地域に分けられる。このうち最も産業が発達しているのがホーチミンを中心にした南部地域である。ホーチミンはベトナムの貿易の窓口としての役割を果たしている。ホーチミン港のコンテナ取扱量は554万TEU（2013年）であり、世界のランキングでは第24位に位置する。ASEANの中では、シンガポール、ポートクラン（マレーシア）、タンジュンペラパス（マレーシア）、タンジュンプリオク（インドネシア）、レムチャバン（タイ）に次ぐ第6番目である。北部の中心ハノイの外港にあたるのがハイフォン港である。北部最大港であるが水深が浅く大型船が入港できない。カイラン港は、北部唯一の水深のある港であるが、ハノイから155キロメートルと距離があり、陸送コストが割高になるなど使い勝手が悪い。また、世界遺産ハロン湾に近接しており、開発に制約がある。現在、ハイフォン沖合のラックフェン地区に

日本のODAを利用して大型コンテナターミナルの建設が進められている。2015年の開設を目指して工事が進んでいる。ターミナルの建設・運営には、ベトナム国営海運会社が51％出資し、商船三井、日本郵船、伊藤忠商事の3社が残り均等出資で合弁会社を設立してあたる。水深は14メートルあり、北部地域でも大型コンテナ船の入港が可能になる。中部地域のダナン港は、この地域の経済規模が小さく利用度は少ない。

図6-2 ASEANの主要コンテナ港におけるコンテナ取扱量（2013年）　単位：万TEU

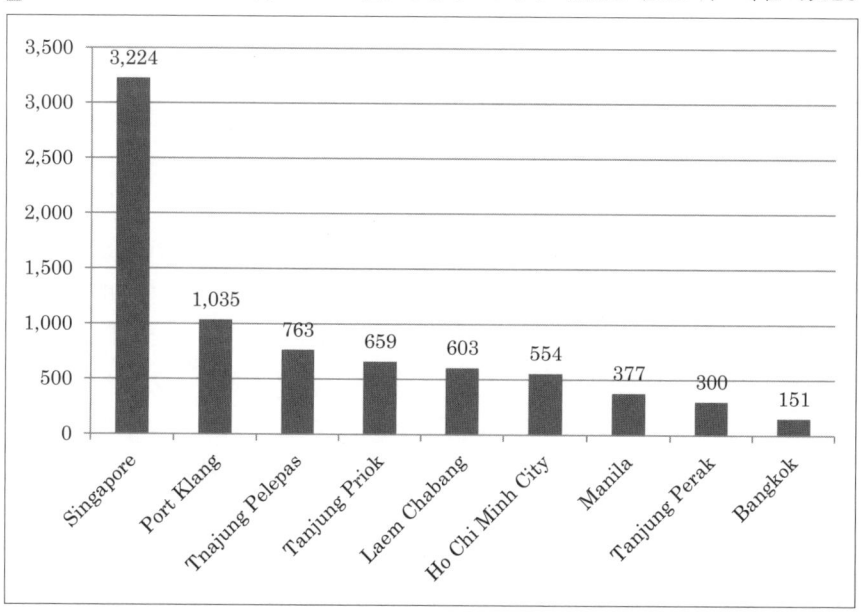

港	取扱量
Singapore	3,224
Port Klang	1,035
Tnajung Pelepas	763
Tanjung Priok	659
Laem Chabang	603
Ho Chi Minh City	554
Manila	377
Tanjung Perak	300
Bangkok	151

出所：Containerisation/Lloyd's List, "One Hundred Ports"

◆表6-4　ベトナム主要港湾

港　名	水深 (メートル)	最大 トン数	主要エリアから の距離	備　考
Hai Phong	4.3-7.3	0.7万	Hanoi 85km	北部最大港、水深浅い。
Cai Lan	10-13	5万	Hanoi 155km	北部唯一の深水港。立地に難あり、陸送コストが割高。
Da Nang	9.0-12	4万	Da Nang市内	中部の経済規模小さく貨物取扱量は少ない。
VICT	8.0-10	3万	HCM市内	Tna Thuan工業団地に隣接。
Cat Lai	8.0-10	3万	Blen Hoa 30km	ベトナム最大港。各工業団地から1時間圏内。
Hiep Phuoc	8.0-11	3万	HCM　50km	2010年開港。
Cai Mep	15	10万	HCM　90km	大水深港。2009年部分開港。

出所：日本通運資料等を参考に作成

　ホーチミンには、従来からのサイゴン川にあるサイゴン港と新たに建設されたカイメップ・チーパイ地区の港と2つがある。サイゴン港はサイゴン川の河川港であり、水深が8～10メートルと浅く1,500TEUクラス程度のコンテナ船しか入港できず、そのため欧米向けのコンテナはシンガポールや香港でトランシップするしかなかった。そこで外洋に面した水深の深い新たなコンテナターミナルが、カイメップ川、チーパイ川河口に建設され2009年以降相次いで開業した。カイメップの新ターミナルは、サイゴン港からの貨物のシフトなどを見込んでいたが水深12メートルのSP-PSAやSITVなどは、未だコンテナ船の就航が無く、主として在来船の作業を行っている。ホーチミン市内から約50キロメートルと距離があり、また内陸ICD（インランドデポ）との間の輸送がバージ主体ということも障害の一つの要因かもしれない。陸路も従来3～4時間かかっていたところ現在は1.5時間程度まで短縮されているが、カイメップ・チーパイ地区のコンテナターミナルの利用は低迷しており、その稼働率はTCIT以外極めて低い状態である。唯一の例外が、商船三井が主体（40％出資）となって運営しているTCITである。隣接するTCCTともにサイゴンニューポートが出資していることから2ターミナルを一体運営している。ODAターミナルが完成後は、これを含めて3ターミナル一体運営で効率を上げている。商船三井は、2009年に他社に先駆けて、北米航路の大型

コンテナ船をベトナムに寄港させるなどベトナム事業に積極的に取り組んでおり、TCITも商船三井のコンテナ船を中心に韓進海運、ワンハイのコンテナ船が利用、高稼働率を誇っている。

商船三井は、カンボジア出しの欧米向け貨物を、プノンペンからメコン川をバージを使ってホーチミンで直接、北米航路や欧州航路のコンテナ船に接続する方法をとっている。プノンペン、ホーチミン間の輸送時間はおよそ36時間である。従来のシアヌークビル港からシンガポール経由の場合より約7日短縮できる。

カイメップ・チーパイ地区のコンテナターミナルの稼働率はTCITを除き低く、現状では、取扱コンテナ量から見て明らかに設備が過剰である。この地区のコンテナターミナルの過剰解消にはまだ時間がかかりそうだ。

◆ 表6-5　カイメップ・チーパイ地区のコンテナターミナル一覧

ターミナル	岸壁長	水深	開業年	就航船	その他
SP-PSA	600メートル	12メートル	2009	0	サイゴンポート・PSA運営。主として在来船
SITV	730メートル	12メートル	2010	0	ハチソン等。主として在来船
TCCT	300メートル	14メートル	2009	0	SNP（サイゴンニューポート）
TCIT	590メートル	14メートル	2011	8	SNP,商船三井,韓進海運,ワンハイ
CMIT	600メートル	14メートル	2011	1	APMT等。
ODA Terminal	600メートル	14メートル	2013	1	日本のODA
SP-SSA	600メートル	14メートル	未開業	0	サイゴンポート・SSA運営

出所：日本海事新聞2014.7.9
　　就航船は、コンテナ船の就航便数。

◉ 写真 6 - 4　TCITコンテナターミナル

著者撮影

7．まとめ

　これまでのところベトナム経済は順調に拡大し、所得も増え中間層が拡大しているが、今後の経済の発展を維持していくためには課題も少なくない。先述の通り、ベトナムは多くの強みがある反面、弱点も抱えている。この弱点を克服することが今後の発展に欠かせない。現在の強みである低賃金労働者については、近隣のラオスやカンボジア、あるいはミャンマー等、ベトナムよりさらに低賃金の国が現れてきており、縫製業に見られるような労働集約型産業中心で発展を続けられるかという問題が浮上している。一方で、電話機・部品におけるサムスン電子のように1社に過度に依存する構造も不安定要因であろう。携帯電話などの製品の変化のサイクルは早い。サムスン電子が、ノキアの辿った道を辿らないという保証はない。非効率な国営企業の改革、民営化も必要である。そして、外資を呼び込むためには法制度やインフラの整備が欠かせない。インフラについては交通渋滞の解消を含めた物流インフラの整備が急がれる。また、賄賂や汚職の問題を含めて、法律・制度の透明性の確保も急いで取り組む課題の一つである。

　ベトナムがASEANの主要国としてその存在感を示すためには、こうした多くの課題をクリアしてゆく必要がある。

第7章

フィリピン
──「アジアの優等生」から「アジアの病人」へ、経済は復活するか?

1．はじめに

　1960年代、フィリピンは「アジアの優等生」といわれた。しかし、1965年から1986年まで続いたマルコス政権下で腐敗や汚職が蔓延、その後も政治の混乱が続いた。マレーシアやタイが対内直接投資の拡大を原動力に経済を拡大したのに対し、フィリピンは外国からの投資が滞り経済は停滞を続けた。いつしかフィリピンは「アジアの病人」と揶揄されるようになった。

　2010年、就任したアキノ大統領による改革が進み、最近のフィリピン経済は好調に推移しており、日本企業の投資先としても注目されはじめた。ちなみに2010年以降のGDP成長率を見ると、7.6％、3.6％、6.8％、7.2％であり、2011年を除き、大きな成長率を記録している。

```
《フィリピン基礎データ》
国土面積：299,404平方㌔、7,109の島
人口：9,748万人（2013）世界第12位
　　　マニラ首都圏の人口　2,000万人
宗教：83％がカトリック
公用語：英語、フィリピン語
名目GDP：2,702億ドル（2013）
一人当たりGDP：2,790ドル（2013）
産業構成：（2012年名目GDP比）
　　　　　第1次産業　11.8％
　　　　　第2次産業　31.1％
　　　　　第3次産業　57.1％
```

　近年の日本企業のフィリピン進出の要因としては、2つ挙げることができる。第1は、英語が公用語の一つであり、ほとんどの国民が英語を話すことである。第2は、ワーカーレベルの豊富な労働力である。マレーシアやタイでは労働者不足が顕在化している。また、タイをはじめ、インドネシアやベトナムでは賃金が急激に上昇しているが、フィリピンの賃金上昇率は低く、失業率も7％以上あり、若い労働力が豊富である。平均年齢も23歳と若い。一人当たりGDPが2,790ドル

(2013年) であり、2015年には、消費が大きく伸びる目安とされる3,000ドルを超えると見られている。製造業だけでなく、コンビニをはじめとする小売りや外食産業などの進出も見られるようになった。

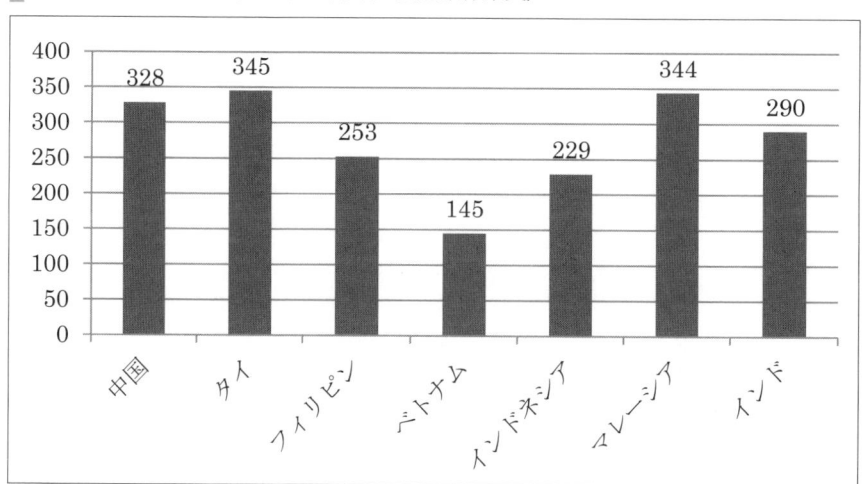

図7-1　賃金比較（基本給・月額／製造業作業員）

中国	タイ	フィリピン	ベトナム	インドネシア	マレーシア	インド
328	345	253	145	229	344	290

出所：JERTRO（2012年、単位：米ドル）

2．フィリピン経済の特徴

　フィリピン経済の特徴の一つは、海外出稼ぎ労働者（OFW; Overseas Filipino Worker）である。人口の約10%にあたる1,000万人が海外で働き、国内の家族に送金している。その額は、230億ドル。GDPの8.5%に相当する。OFWは主に、家事労働、医療関係、船員などの職業に就いている。中でも、180万人の船員が世界の外国航路の船舶で働いており、その数は、世界全体の船員の25%を占める。

　2つ目の特徴は、第3次産業の比率の高いことである。フィリピンの第3次産業の割合は55.7%であり、インドネシアの38.1%、ベトナムの37.2%と比較して大きな差があることがわかる。この背景には、2000年ごろから急増した先進国企業からのサービス業務の一部をフィリピンに委託する動きが顕著になったことが挙げられる。こうした業務委託は、ビジネス・プロセス・アウトソーシング（BPO; Business Process Outsourcing）と呼ばれ、フィリピンの成長産業の一つであり、

最近のフィリピン経済の好調を支える存在になっている。2013年のBPO産業には、90万人（前年比15.4%増）が従事し、その売上高は155億ドル（前年比15.6%増）である。GDPに占める割合は5.7%になる。BPO産業には、コールセンター、バックオフィス、ソフトウエア開発、医療・ヘルスケア情報管理などがある。なかでも、コールセンターは、フィリピンのBPO産業の雇用・売上高の6割を占める。BPO売上高は世界一である。コールセンターなどのオフィスは商業地区であるマカティに集中しており、近年マカティのオフィスが逼迫、賃貸料も高騰している。

■ 図7-2　ASEAN主要国の産業構成

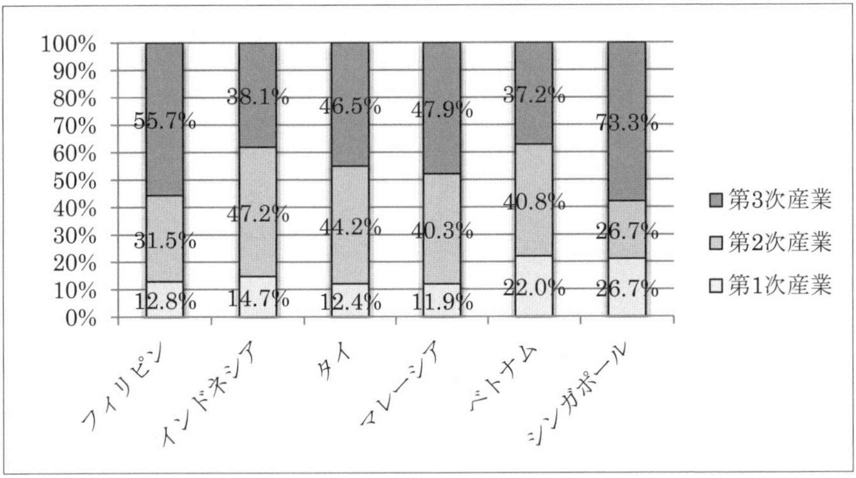

	第1次産業	第2次産業	第3次産業
フィリピン	12.8%	31.5%	55.7%
インドネシア	14.7%	47.2%	38.1%
タイ	12.4%	44.2%	46.5%
マレーシア	11.9%	40.3%	47.9%
ベトナム	22.0%	40.8%	37.2%
シンガポール	26.7%	26.7%	73.3%

出所：世界銀行"World Development Indicators"

3. 日本企業の投資先としてのフィリピン

　日本とフィリピンは経済的に強い結びつきがある。日本はフィリピンにとって最大の貿易相手国である。日本への輸出は21.2%を占め1位、日本からの輸入は8.4%で10位である。また、日本はフィリピンに対する最大の援助供与国でもある。

　最近の日本企業のフィリピンへの進出の特徴は、次の3点が挙げられる。①自動車関連を中心とした製造業、②BPO関連、③小売りを中心とした消費関連。

　一人当たりGDPが2015年には3,000ドルを超えると見込まれ、来るべきモータリ

ゼーションの時代に備えて、トヨタ、日産、三菱など主要自動車メーカーがフィリピンでの生産及び販売体制の強化を図っている。これに伴って自動車メーカーへの部品供給関連企業の進出が目立っている。東海理化は現在の工場の隣接地に新工場を建設する。古河電工、月電工業、村田製作所などが進出を決めている。その他、新規投資を決めている製造業には、キヤノン（2013年）、ブラザー（2013年）、富士フイルム（2013年）シマノ（2014年）などが挙げられる。

BPO関連では、家具・住宅などの図面の設計、ソフトウェア開発、ウェブ広告作成やオンライン英会話学校など中小企業の進出が多い。

フィリピンのGDPにおける民間消費支出は70%と高い。一人当たりGDPが3,000ドル超え目前であり、今後消費が大きく伸びることが期待できる。また、メトロマニラと呼ばれるマカティ、マニラなど16市からなるマニラ首都圏に2,000万人の人口が集中しており、その中核が、経済・商業の中心であるマカティである。先に述べたとおり、BPO関連のオフィスが集まり、顧客の国との時差の関係から24時間働く街となっている。マカティには、そこで働く人の需要からコンビニが盛況だという。セブンイレブン（台湾資本と地場資本の合弁）、ミニストップ、ファミリーマートに加えて2014年にはローソンも進出を決めている。フィリピン全体の一人当たりGDPは2,702ドル（2012年）であるが、メトロマニラは、6,967ドルであり、所得水準の高い中間・富裕層が多くいることがわかる（**図7-3**）。言い換えれば、メトロマニラがフィリピンの消費を牽引している。こうした状況を背景にコンビニ以外にも、無印良品（2010年）、ユニクロ（2012年）がすでに進出している。また、イオンファンタジーは、ショッピングセンター内に子供向け遊戯施設の設立・運営をはじめている。

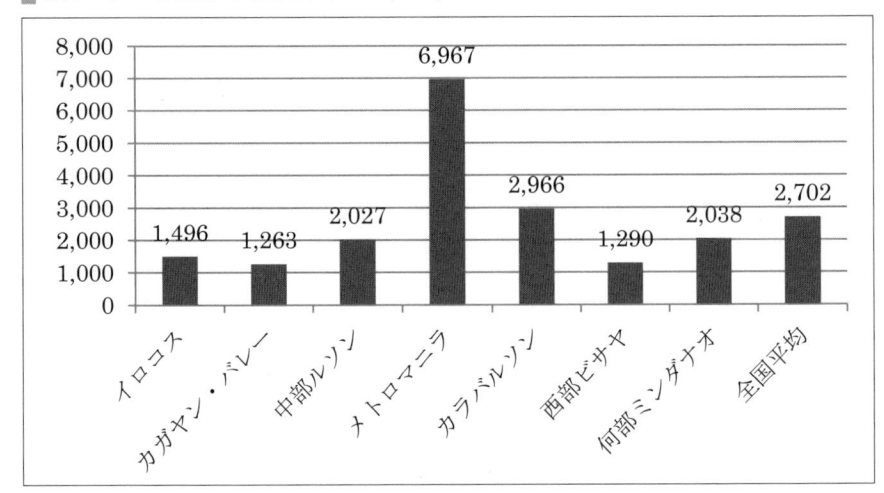

■ 図7-3　地域別一人当たりGDP（2012）

地域	GDP
イロコス	1,496
カガヤン・バレー	1,263
中部ルソン	2,027
メトロマニラ	6,967
カラバルソン	2,966
西部ビサヤ	1,290
南部ミンダナオ	2,038
全国平均	2,702

出所：みずほ総合研究所。一部地域を抜粋。単位：米ドル、

　もう一つ、フィリピンの産業で興味深い点がある。あまり知られていないが、フィリピンは、中国、韓国、日本に次ぐ、世界第4位の造船国である。造船業は、中国、韓国、日本の3ケ国のシェアが90%を超える寡占市場である。フィリピンのシェアは2%と小さいが、第4位に位置する。フィリピンの2013年の建造量（100総トン以上）は133万総トンであった。国内約100ケ所ある造船所はほとんどが中小規模で、改造や修繕しかできない。大型船の建造は、日本の常石造船の現地法人であるツネイシ・ヘビー・インダストリー（THI）（1994年設立）と、韓国の韓進重工業（2006年設立）の2社で、99.7%（THI　50.8%、韓進重工業48.9%）のシェアを占めている。

4．フィリピンの抱える課題

　フィリピンの最大の課題は、インフラの未整備である。道路、鉄道、港湾、空港などに加えて電力事情もよくない。交通渋滞や豪雨のたびに発生する道路の冠水が問題である。マニラ港は、フィリピン最大の港湾であり、2013年のコンテナ取扱量は377万TEUであり、これはフィリピン全体の約80%にあたる。マニラ港の施設がコンテナ取扱量の増加に追い付かず、コンテナが滞留し、船舶は沖待ちを

余儀なくされている（2014年末現在）。

マニラ市は、2014年2月、市内の交通渋滞対策として日曜・祝日を除く午前5時から午後9時の間の8輪車または総重量4.5トン以上のトラックの通行規制を実施したため、マニラ港にコンテナが大量に滞留した。2014年9月13日、マニラ市内のトラック通行規制を解除したが、マニラ港のインフラの根本的解決にはなっておらず、マニラ港の混雑は簡単には解消しそうにない。マニラ港の混雑を避けるため、バタンガス港[注1]やスービック港[注2]に寄港地を変える船社も出ている。ちなみに、物流インフラの評価はASEAN6ケ国（シンガポール、マレーシア、タイ、インドネシア、ベトナム、フィリピン）中でベトナムに次いで低い。

なお、マニラ近郊にある主要な工業団地内のインフラは問題が無いようだ。ただし、電力料金はASEANの中で最も高い。丸紅が東京電力とパグビラオ石炭火力発電を増設、2017年11月完成予定である。また、三菱商事は東芝プラントシステムとともに、ミンダナオ島の石炭火力発電所の建設を受注するなど日本企業による電力インフラの整備が進められている。

もう一つの課題は、産業集積の低いことである。フィリピン国内での原材料や部材の調達が難しいため、日本からの輸入に頼る割合が高い。日系企業における部材の現地調達率はASEAN平均では42.2%、フィリピンは26.7%であり、ASEANの中で最も現地調達率が高いタイの52.9%の約半分である。現地調達率が低いことは、輸送時間とコストの面から競争上不利であり、部材の現地調達率を上げることが重要である。

(注1) マニラ港に次ぐフィリピン第2の港。マニラ港から南方110km。2008年2月からコンテナターミナル運営開始。セイコーエプソンやヤマハなど同港近隣に生産拠点を構える、日系企業も多い。
(注2) マニラ港北西140キロメートルに位置する。同港はスペイン及び米国海軍によって開発された。1992年米軍が撤退した後スービック経済特別区の国際貿易港として発展している。

5．まとめ

フィリピンにとっては、インフラの整備が最重要課題である。アキノ政権は官民連携（PPP; Public Private Partnership）スキームを使った道路、港湾、空港などの整備を最重要経済政策に掲げている。すでにいくつかの案件が着工、ほかにも多くのプロジェクトが検討されている。これらが確実に実行されることによるインフラの早急な整備がフィリピン経済の今後のさらなる拡大に欠かせない。ま

た、ASEANのほかの国々に比べ遅れている製造業の育成、そのための人材育成が必要である。このことは産業の集積にもつながるものである。国内に魅力的な職場を創り出すことで、OFWとして流出している優秀な人材の流出を止めることができる。

図7-4 フィリピン地図

第8章

シンガポール・ブルネイ
── ASEANにおける無資源大国と
エネルギー資源大国

1．はじめに

　ASEAN10ケ国の中で国土面積、人口が非常に小さいが裕福な国が2つある。誰もが知っているシンガポールと、石油や天然ガスなどエネルギー関連の人以外はその場所はもちろん首都の名前も知らない人がほとんどであると思われるブルネイである。この2ケ国は、国土は小さいが一人当たりGDPは、シンガポール55,182ドル（2013年）、ブルネイ39,658ドル（2013年）と非常に高く裕福である。また、両国とも食料のほとんどを輸入に頼っているなど共通点が多い。大きく異なるのは、資源が何もないシンガポールに対して、ブルネイは、石油と天然ガスという豊富な資源を持つという点である。

◆表8-1　シンガポール・ブルネイ基礎データ

	シンガポール	ブルネイ
面積	707km² （東京23区と同程度）	5,765km² （三重県と同程度）
人口	540万人	40万人
名目GDP	2,979億ドル（2013年）	164億ドル（2013年）
一人当たりGDP	55,182ドル（2013年）	39,658ドル（2013年）
民族	中華系　74% マレー系　13%	マレー系　66% 中華系　10%
言語	マレー語 英語が一般的に使われる	マレー語 英語が一般的に使われる
建国	1965年	1984年

出所：JETRO、在シンガポール・在ブルネイ日本大使館資料等

2．シンガポール
（1）外国人と外国企業が支える国際貿易都市

　マレー半島の先端に位置するシンガポールは東西を行き来する船舶の拠点として栄えてきた。年間13万隻（2012年）の船舶が出入りする世界有数の港湾であり、コンテナ取扱量は、年間3,260万TEUで、上海に次ぐ世界第2位である。2010年に上海にその座を譲るまで2005年から2009年までの5年間はシンガポールが第1位であった。国際貿易がシンガポールの発展を支えていることは、輸出入合計がGDPの263%（2013年）と大きいことから明白である。また、GDPの半分以上が外

国企業によって生産されていることからもわかるようにシンガポールは外国企業によって成り立っているともいえる。政府は、外国企業に対して諸々の優遇策を提供するなど積極的に企業誘致を図っている。例えば、法人税率は17%であり、これは日本の約半分、香港の16.5%に次ぐ低水準である。ASEAN主要6ケ国の中では一番低い。一方、シンガポール航空、DBS銀行、シングテル（通信会社）などの大株主はすべて政府系投資会社のテマセク・ホールディングであり、シンガポールの大手企業は政府系企業によって占められている。地場の民間企業は育っていない。

　東京23区程度の国土で、人口は540万人であるが、そのうちの40%は外国籍の永住権保有者（約55万人）及び外国人である。シンガポールは外国人労働者を積極的に受け入れており、その数は全労働者の3分の1を超えている。

　シンガポールの特徴の一つは、自動車規制があることである。狭隘な国土の、特に都心部の混雑を避けるために自動車の都心部への乗り入れ制限や保有台数に規制を課すことで国内の自動車の増加を抑制している。ERP（Electronic Road Pricing）とCOE（Certificate of Entitlement）の2つの制度によって規制している。都心部や特定区域への乗り入れ規制のための課金システムがERPである。流入地点にゲートを設置し、ここで車載器に搭載したカードから自動的に課金される。保有台数制限のためのシステムがCOEである。自動車を保有する場合、政府が毎年割り当てる保有許可証（COE）を入札で取得することを義務付けるというものである。この取得にかかる費用は、およそ420万円程度であり、シンガポールで自動車を保有するのは高いコストがかかる。

◆表8-2　シンガポールの企業関連税制の優遇策

優遇策	制　度
パイオニア・インセンティブ	パイオニア・インセンティブ認定企業は、最長15年間の法人税免除。 (パイオニア・インセンティブは、技術水準が高く、投資規模の大きい外資系企業に与えられる。認定基準はなく、交渉を通じて判断される。)
地域統括本部向け優遇税制	アジア太平洋地域統括拠点として認定された企業は、適格所得について3年間、15%の軽減税率適用（2年延長可）。 (適格所得とは、海外のマネジメントフィー、サービス料、売上、貿易所得、ロイヤリティを指す。)
国際統括本部向け優遇税制	地域統括本部の要件を大幅に超える国際本部の認定を希望する企業が適格所得に対する5%又は、10%の低率な軽減税率をはじめとする個別インセンティブを受けられる。 (軽減税率や適用期間は規模や経済貢献度によって異なる。)

出所：JETRO他

■図8-1　ASEAN主要国の法人税率

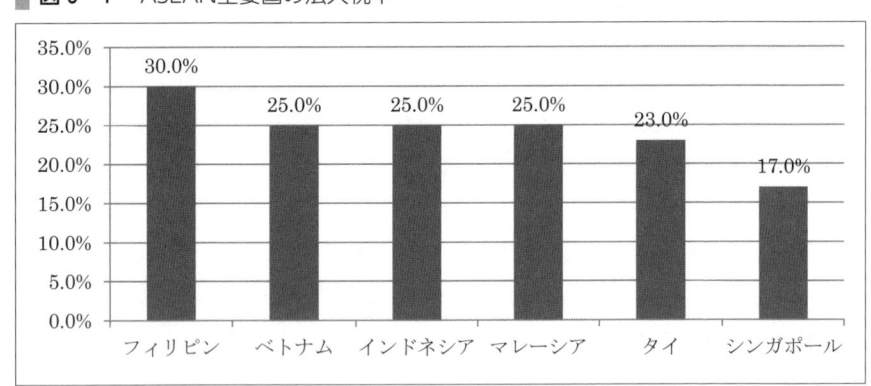

国	税率
フィリピン	30.0%
ベトナム	25.0%
インドネシア	25.0%
マレーシア	25.0%
タイ	23.0%
シンガポール	17.0%

出所：JETRO　税率は2012年の数値。

（2）港湾都市

　シンガポールは世界有数の港湾都市であり、港湾国家である。コンテナ取扱量は、1990年に香港を抜いて世界一となり、その後、香港と常に1位の座を争ってきた。2005年以降、2010年に上海に1位の座を奪われるまで5年間トップの座にあった。

　シンガポール港のコンテナ取扱量3,257万TEU（2013年）の99%を扱うのがPSA

である。ちなみに、日本全体の2013年のコンテナ取扱量は、1,776万TEUであった。

　PSAは、シンガポール港湾庁（Port of Singapore Authority）から分離、1997年民営化された。現在、政府系投資会社のテマセク・ホールディングが全株式を保有している。シンガポール港の取扱コンテナの85%は、周辺国への接続貨物であり、シンガポール港は東西交易の中継点として繁栄を続けている。また、PSAは、シンガポールだけでなく、海外展開も積極的に行っており、世界17ケ国でターミナルを運営している。PSAの全世界のコンテナ取扱量は、約5,300万TEUであり、世界のターミナルオペレーターの中で、コンテナ取扱実績は世界一である。

　シンガポール政府は、船舶関連事業にも多くのインセンティブを与えている。その一つが、便宜置籍国としてのシンガポールである。シンガポールは、1978年STCW条約[注1]の規定に適合していれば、船員の国籍に関係なく雇用できること、あるいは、有効な海外の船員資格証明を有する船員は、シンガポール籍船への配乗が可能である。また、NK（日本海事協会）を含む9つの船級協会[注2]を認めるなど、積極的に船舶のシンガポール籍への誘致を行っている。その結果、シンガポール船籍は大きく増加している。2006年から2012年の6年間で、隻数で1.3倍、トン数で1.9倍に増えている。船籍でみた船舶保有量は、シンガポールは、世界第5位である。

　こうした状況を背景に、シンガポールには、海運会社だけでなく、ベルンハルトやV-シップなど欧州系の大手船舶管理会社をはじめ、海運関連のあらゆる企業が拠点を置いている。これらの企業は、シンガポール海運協会（The Singapore Shipping Association）に加盟している。同協会の加盟事業者は、およそ430社ある。シンガポール最大の海運会社は、NOL（Neptune Orient Lines Limited）である。かつての米国の名門海運会社のAPL（American President Line）は、APLブランドで事業を続けているが、現在はNOL傘下にある。

(注1)　船員の資格に関する国際基準。STWC条約［1978年の船員の訓練及び資格証明並びに当直の基準に関する国際条約；The International Convention on Standards of Training, Certification and Watchkeeping for Seafarers, 1978］に規定されている。
(注2)　海上保険，傭船，船舶の売買などの利便性を図るため船舶に船級をつけ，船の格づけなどをする団体。世界の主要海運国にはそれぞれの船級協会があり，船名録を発行するとともに，独自の船級規程などをもっている。

図 8-2 世界のコンテナターミナルオペレーター別コンテナ取扱量（2013年）

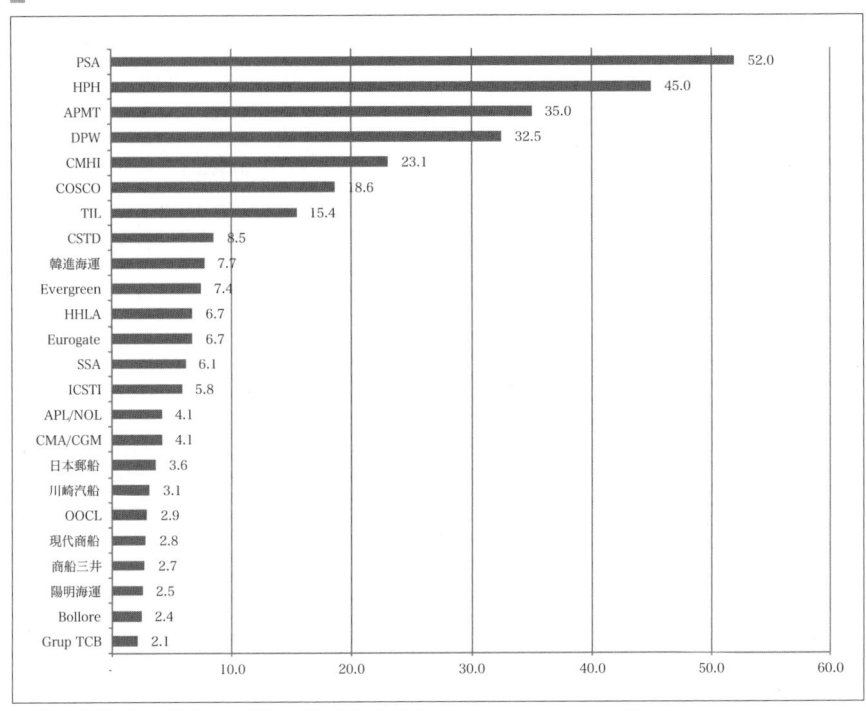

オペレーター	取扱量（百万TEU）
PSA	52.0
HPH	45.0
APMT	35.0
DPW	32.5
CMHI	23.1
COSCO	18.6
TIL	15.4
CSTD	8.5
韓進海運	7.7
Evergreen	7.4
HHLA	6.7
Eurogate	6.7
SSA	6.1
ICSTI	5.8
APL/NOL	4.1
CMA/CGM	4.1
日本郵船	3.6
川崎汽船	3.1
OOCL	2.9
現代商船	2.8
商船三井	2.7
陽明海運	2.5
Bollore	2.4
Grup TCB	2.1

出所：Global Container Terminal Operators Annual Report 2014、Drewry Maritime Research
(注) 単位：百万TEU、取扱量は持分比率による

図 8-3 シンガポール、香港、上海のコンテナ取扱量推移

単位：1,000TEU

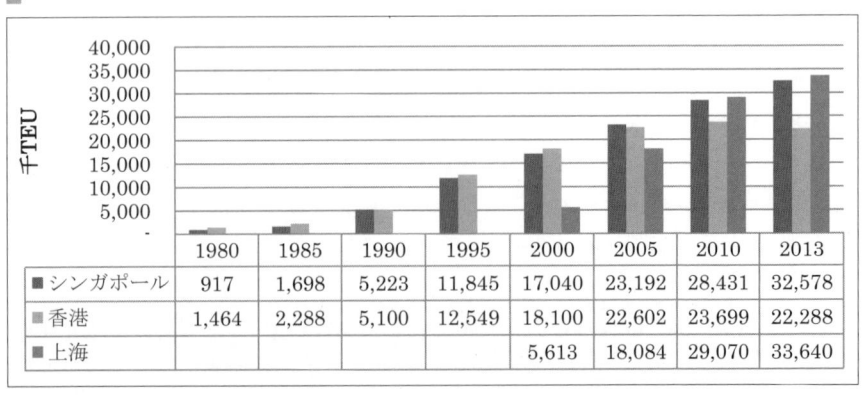

	1980	1985	1990	1995	2000	2005	2010	2013
シンガポール	917	1,698	5,223	11,845	17,040	23,192	28,431	32,578
香港	1,464	2,288	5,100	12,549	18,100	22,602	23,699	22,288
上海					5,613	18,084	29,070	33,640

出所：Containerisation International 他

図8-4　コンテナ取扱量上位20港（2013年）

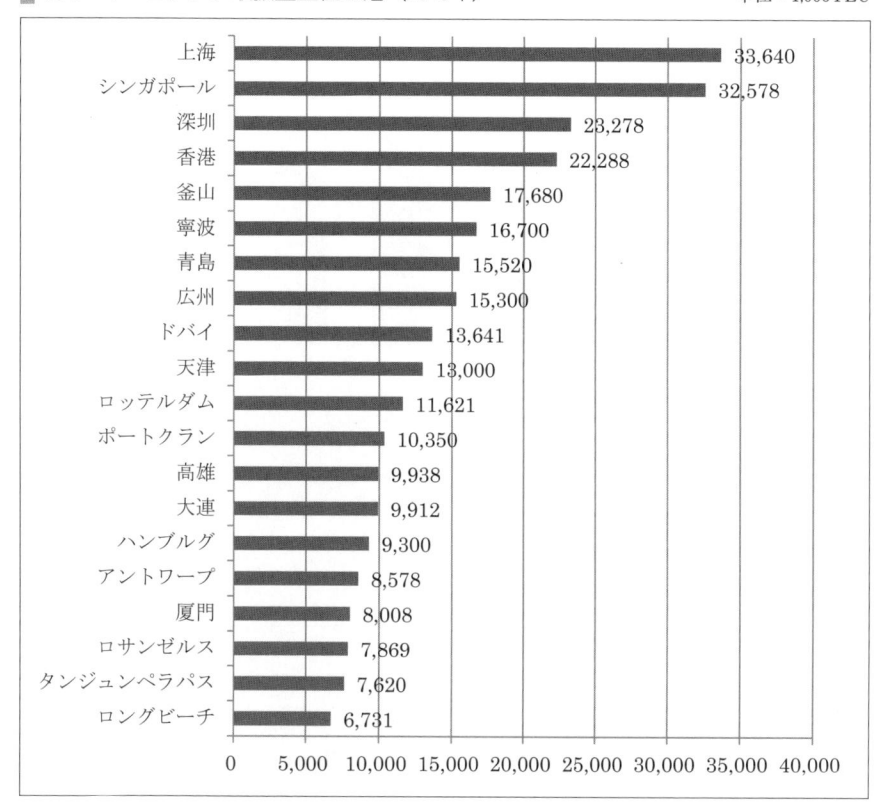

単位：1,000TEU

上海	33,640
シンガポール	32,578
深圳	23,278
香港	22,288
釜山	17,680
寧波	16,700
青島	15,520
広州	15,300
ドバイ	13,641
天津	13,000
ロッテルダム	11,621
ポートクラン	10,350
高雄	9,938
大連	9,912
ハンブルグ	9,300
アントワープ	8,578
厦門	8,008
ロサンゼルス	7,869
タンジュンペラパス	7,620
ロングビーチ	6,731

出所：Containerisation International 他

物流の視点からみたASEAN市場

■ 図8-5　シンガポール籍船の推移

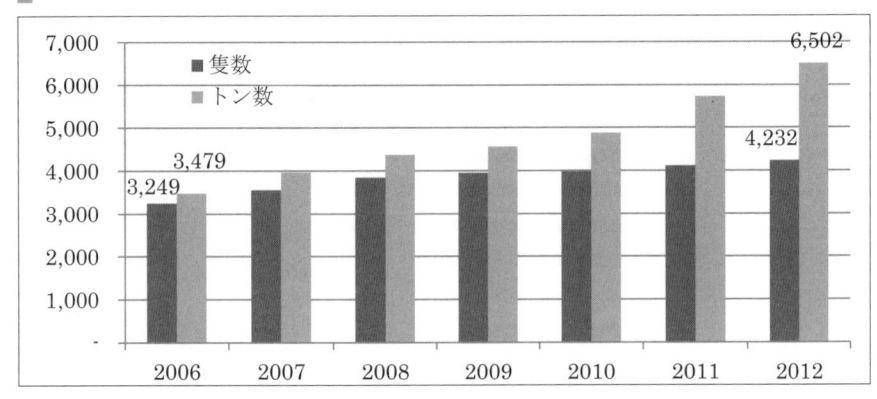

出所：JETRO、在シンガポール日本大使館資料等
（注）単位：隻、万総トン

◉ 写真8-1　PSA本社ビルからみたシンガポール港

著者撮影

172

(3) 情報集積国家

　日本企業の中には、本社機能の全部又は一部をシンガポールに移転するケースが見られる。これは、法人税が安いこともあるが、主たる理由は、情報の集積である。海運、物流をはじめあらゆる情報がシンガポールに集積される。日本の大手海運会社の日本郵船、川崎汽船がコンテナ部門の本社機能を移している。ちなみに商船三井コンテナ部門の本社機能は香港である。コンテナ部門に限らずタンカーや船舶管理などの関連会社の多くがシンガポールに拠点を置いている。これは、営業情報、バンカー情報、船舶仲介など海運関係のあらゆる情報がシンガポールに集まるからである。海運会社だけでなくその周辺の保険、船舶ブローカー、フォワーダー、船舶管理会社、船舶代理店など関連企業のほとんどがシンガポールに拠点を置いている。外航海運においては、シンガポールに拠点が無ければビジネスができないと言っても過言ではない。パナソニックが調達本部をシンガポールに持ってきたのは、世界の物流企業がシンガポールに拠点を構えており、シンガポールに本社があったほうが便利という理由からだということだ。日本の船会社の中には会社そのものをシンガポールに移したという例もある。

◆表8-3　シンガポールに本社機能の一部を移した日本企業

企業名	適　用
三菱商事	金属資源の貿易・販売本社機能
HOYA	眼鏡レンズ事業部、CEOがシンガポールに駐在
パナソニック	調達本部機能
三井化学	自動車向け樹脂改質材事業部
日本郵船	定期航路（コンテナ）部門
川崎汽船	定期航路（コンテナ）部門

出所：各種報道を基に作成

　シンガポールが注目されるのは、海運、港湾だけではなく、製造業にとっては、ASEANに留まらず、南アジアから中東まで含めた販売拠点として重要視されている。眼鏡レンズ事業部の本社機能をシンガポールに移したHOYAや自動車向け樹脂改質剤事業部を移した三井化学などがその例である。こうした大手企業だけ

でなく、日本からの輸出をシンガポール経由他のアジアに輸出する日本企業は多い。その意味で、シンガポールは単なるハブ港湾としての港湾都市国家から脱却し、情報集積をベースにアジアビジネスのハブになりつつある。

3．ブルネイ・ダルサラーム国（ブルネイ）
（1）はじめに

　首都「バンダルスリブガワン」の名を知っているのは石油関係者以外にはいないのではないだろうか。ブルネイは、略称であり正式には「ブルネイ・ダルサラーム国」である（以下、略称のブルネイを使用）。マレーシアとインドネシアの間にあるボルネオ島の北東部のマレーシアに囲まれるように位置するのがブルネイである。ボルネオ島は、赤道直下にあり、日本の1.9倍の面積を持つ世界3番目に大きな島である。同島には、マレーシア、インドネシア、ブルネイの3つの国の領土がある。

　ブルネイは石油資源が豊富であり、石油、天然ガスの輸出により国民一人当たりGDPが4万ドルの豊かな国である。医療費は無料であり、個人の所得税や住民税の課税もない。

　ブルネイは、敬虔なイスラム教国である。2014年5月1日、イスラム教に基づくシャリーア刑法[注]が施行された。これは、外国人やイスラム教徒以外にも適用されるため、観光を含めブルネイを訪れる場合には注意が必要である。例えば、非イスラム教徒は飲酒が認められているが、家庭内やホテルの客室内に限られており、レストランや飲食店など公共の場での飲酒は禁止されている。

　ブルネイでは、イスラム教が生活の一部になっており、金融を含めイスラム教に則った体制ができている。近年、ハラールへの取り組みを強めており、他のイスラム市場へのハラール食品の輸出にも取り組んでいる。なお、2014年4月、ブルネイ向けに輸出する牛肉はハラール認証を取得することが義務付けられた。

（注）　イスラム教徒の宗教的・現世的生活を具体的に規制する法。コーラン・スンナなどをその法源とする。イスラム法。

（2）経済

　ブルネイの財政を支えているのは豊富な石油、天然ガスの輸出による収入である。石油、天然ガスがブルネイ産業の中心であり、輸出の97％を占めている。これは名目GDPの約70％にあたる。石油、天然ガス以外の産業はほとんど見当たらない。自動車、家電、食品をはじめほとんどが輸入に頼っている。

　石油生産は、ブルネイ政府とシェルがそれぞれ50％出資のブルネイ・シェル石油（BSP）が生産・販売の大部分を握っている。また、天然ガスについては、ブルネイ政府（50％）、シェル（25％）、三菱商事（25％）が出資するブルネイLNG（BLNG）が、液化・販売している。なお、液化天然ガス（LNG）輸出の90％は日本向けである。

　ブルネイには、バンダルスリブガワン、クアラブライト、ムアラ、プカン、ツトンの5つの港があるが、大型船の入港が可能なのはムアラ港のみである。なお、ブルネイとして8隻の液化天然ガス船を所有している。

　輸出相手国としては、日本が42.3％と最も重要な国である。第2位は韓国（25.3％）、第3位はインドネシア（8.2％）となっている。輸入は、マレーシア（19.4％）、インドネシア（17.6％）、シンガポール（16.6％）となっており、周辺国との関係が強いことが伺える（2013年）。

4．まとめ

　ASEANの中で、インドシナ半島では、交通インフラの整備が進み、バンコクを中心にタイを取り巻く、ラオス、カンボジア、ベトナム、ミャンマーなどの後開発国が一体となった開発が進んでいる。そうした中で越境物流、つまり陸の物流が活発化している。その中心は、自動車をはじめとした製造業の集積が進んでいるタイである。こうした中で、シンガポールは、海上物流の拠点として今後も重要な役割を果たしてゆくと思われる。しかし、シンガポールは海上交通の拠点としてだけでなく、情報集積国家として、ビジネスの中心としての地位を確固たるものにしつつある。アジアの物流の拠点はタイ、情報・ビジネスはシンガポールという構図になりつつある。

　ASEANではシンガポールに次いで豊かなブルネイであるが、石油と天然ガスに依存した体制から脱却できるかどうかが鍵となる。天然ガスを原料としたメタ

ノールやアンモニア生産など、石油の川下産業の振興を図っているが、まだ脱資源国家までの道のりは遠い。2014年後半から原油価格が急落しており、米国のシェールガスの輸出が始まることなどから原油、天然ガスの価格が大きく上昇することは当分の間期待できそうにない。こうしたことから、エネルギー資源のみに依存するブルネイの経済は厳しい状況が考えられる。脱資源国家の実現がブルネイの課題である。

巻末資料

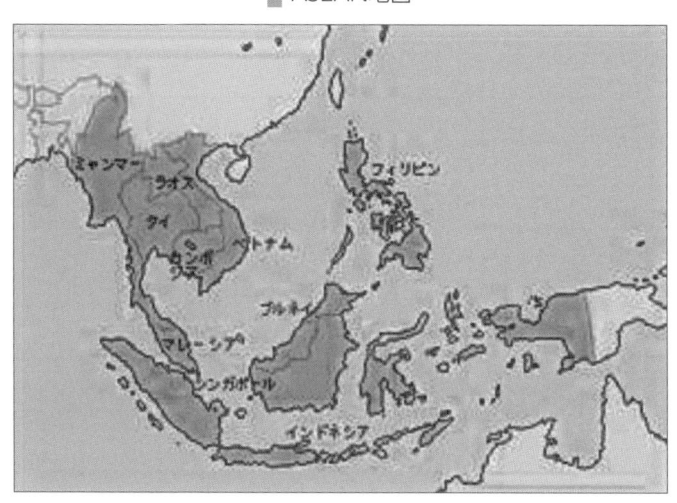

■ ASEAN地図

◆ ASEAN10ケ国経済基礎データ（2013）

	人　口 （万人）	GDP／人 （ドル）	名目GDP （億ドル）	GDP成長率 （％）
シンガポール	540	55,182	2,979	3.85
マレーシア	2,995	10,456	3,131	4.75
タ　イ	6,823	5,675	3,872	2.89
ベトナム	8,969	1,901	1,795	6.60
ミャンマー	5,098	1,113	567	8.25
ラオス	677	1,593	108	8.03
カボジア	1,509	1,028	155	7.43
フィリピン	9,748	2,790	2,720	7.18
インドネシア	24,795	3,509	8,702	5.78
ブルネイ	41	39,658	161	-1.75

出所：IMF "World Economic Outlook Database"

ASEAN国別一人当たりGDP比較（2013年）

単位：ドル

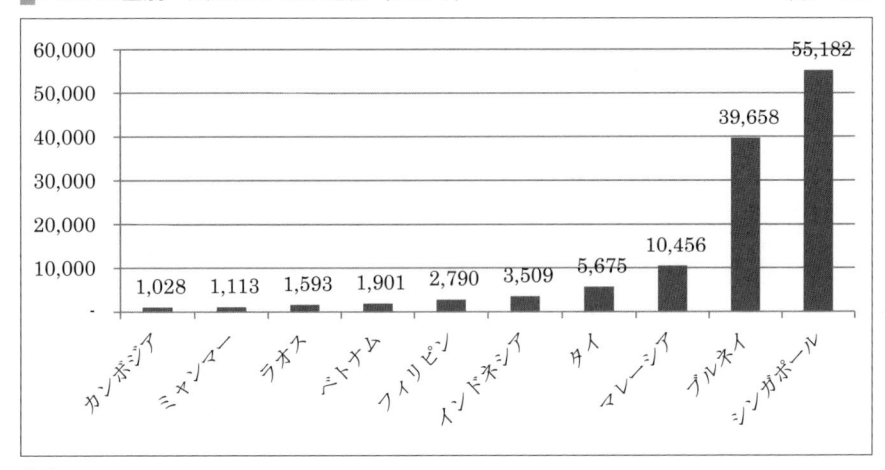

国	一人当たりGDP
カンボジア	1,028
ミャンマー	1,113
ラオス	1,593
ベトナム	1,901
フィリピン	2,790
インドネシア	3,509
タイ	5,675
マレーシア	10,456
ブルネイ	39,658
シンガポール	55,182

出所：IMF, "World Economic Outlook Database"

参考文献

川田敦相「メコン広域経済圏」勁草書房（2011）
みずほ総合研究所「ASEANの実力を読み解く」東洋経済新報社（2014）
黒田勝彦他編著「変貌するアジアの交通・物流」技報堂出版 （2010）
エヌ・ネヌ・エーASEAN編集部「アジアの道」株式会社エヌ・エヌ・エー(2008)
鈴木基義「ラオス経済の基礎知識」JETRO（2009）
日本政策銀行メコン経済研究会編著「メコン流域国の経済発展戦略」日本評論社（2005）
柿崎一郎「王国の鉄路（タイ鉄道の歴史）」京都大学学術出版会（2010）
遠藤元「新興国の流通革命」日本評論社（2010）
柿崎一郎「鉄道と道路の政治経済学」京都大学学術出版（2009）
石田正巳編著「メコン流域」アジア経済研究所（2005）
「エコノミスト」2007.11.20号
「KAIUN」日本海運集会所　2009.10月号
「CARGO」海事プレス社　2007.10月号
「アジ研ワールド・トレンド」No195　2011年12月号
財務省貿易統計　http://www.customs.go.jp/toukei/shinbun/trade-st/2012/2012_216.pdf
ブレインワークス・アイキューブ編著「フィリピン成長企業50社」カナリア書房（2014）
森隆行・石田信博・横見宗樹「コールドチェーン」晃洋書房（2013）
佐々木良昭「ハラールマーケット最前線」実業之日本社（2014）
後藤康浩「ネクスト・アジア」日本経済新聞出版（2014）
朽木昭文「日本の再生はアジアから始まる」農林統計協会（2012）
末廣昭「新興アジア経済論」岩波書店（2014）
倉沢愛子編著「消費するインドネシア」慶応義塾大学出版会（2013）
三木敏夫「マレーシア新時代」創成社（2013）
ハルーン・シディキ「1冊で知るムスリム」原書房（2010）
山内昌之・大川玲子「イスラーム基本練習帳」大和書房（2013）

ハラルマーケット・チャレンジ・プロジェクト「ハラルマーケットがよくわかる本」総合法令出版（2013）
石川孝一他「ＡＳＥＡＮ経済共同体と日本」文眞堂（2013）
Marco Tieman「Halal SuperHigway」GRIN（2011）
並河良一「ハラル食品マーケットの手引き」日本食糧新聞社（2013）
茂木正朗「インドネシアが選ばれるには理由がある」日刊工業新聞（2012）
矢野英基「可能性の大国」草思社（2012）
三橋貴明「ミャンマー驚きの素顔」実業之日本社（2013）
田中和雄「ミャンマービジネスの真実」（2014）
みずほ総合研究所「全解説ミャンマー経済」日本経済新聞出版社（2013）
尾高煌之介・三重野文晴「ミャンマー経済の新しい光」勁草書房（2012）
春日孝之「未知なるミャンマー」毎日新聞社（2012）
タンミンウー「ビルマ・ハイウェイ」白水社（2013）
国土交通省編著「海事レポート2014」成山堂書店（2914）

森隆行（もり　たかゆき）

流通科学大学商学部教授
1952年徳島生まれ
大阪市立大学商学部卒業

1975年に大阪商船三井船舶㈱に入社し、大阪支店輸出二課長、広報課長、営業調査室室長代理を務める。1997年にAMT freight GmbH（Deutscheland）社長、2004年に商船三井営業調査室主任研究員、2005年に東京海洋大学海洋工学部海事システム学科講師（兼務）、青山学院大学経済学部非常勤講師（兼務）を歴任し、2006年4月から現職。
その他、タイ王国タマサート大学客員教授、神戸大学海事科学研究科国際海事センター客員教授、タイ王国マエファルーン大学特別講師なども務める。

最近の主な著書

- 『神戸港　昭和の記憶　仕事 x ひと x 街』
  （神戸新聞総合出版センター・2014年11月）
- 『内航海運』森隆行・内航海運研究会メンバー6人による共著
  （晃洋書房・2014年6月）
- 『コールドチェーン』森隆行・石田信博・横見宗樹共著
  （晃洋書房・2013年6月）
- 『神戸　客船ものがたり』森隆行・五艘みどり共著
  （神戸新聞総合出版センター・2010年11月）
- 『外航海運概論』
  （成山堂書店2010年3月）
- 『現代物流の基礎』
  （同文舘出版・2007年11月）

物流の視点からみたASEAN市場
東南アジアの経済発展と物流

2015年6月15日 〔初版第1刷発行〕

著　　　者	森隆行
発　行　人	佐々木紀行
発　行　所	株式会社カナリアコミュニケーションズ
	〒141-0031　東京都品川区西五反田6-2-7
	ウエストサイド五反田ビル3F
	TEL 03-5436-9701　FAX 03-3491-9699
	http://www.canaria-book.com
印　刷　所	創英株式会社
装　　　丁	松浦良明
Ｄ Ｔ Ｐ	株式会社ダーツフィールド

©Takayuki Mori 2015. Printed in Japan
ISBN：978-4-7782-0305-4　C0034

定価はカバーに表示してあります。乱丁・落丁本がございましたらお取り替えいたします。カナリアコミュニケーションズあてにお送りください。
本書の内容の一部あるいは全部を無断で複製複写（コピー）することは、著作権法上の例外を除き禁じられています。

カナリアコミュニケーションズの書籍ご案内

だから中小企業の
アジアビジネスは失敗する

近藤 昇 著

これからアジアグローバルの視点は欠かせない！
そのヒントがこの1冊に凝縮。
日本全国の中小企業において、今後のビジネス展開にはアジア進出が欠かせない。
ベトナムに進出し、アジアビジネスを知り尽くした著者が具体的なノウハウを公開。

2013年2月14日発刊
価格　1400円（税別）
ISBN978-4-7782-0242-2

ミャンマービジネスの真実
アジア最後のフロンティア
『ミャンマー』の横顔

田中 和雄 著

日本では報じられないミャンマーの知られざる素顔とは。
現地に17年通い続けた著者だからこそ書けるミャンマーの真の姿がこの1冊に集約。
この国でビジネスするなら知っておかなくてはならないことが網羅された必読の書。

2014年3月20日発刊
価格　1400円（税別）
ISBN978-4-7782-0266-8

カナリアコミュニケーションズの書籍ご案内

フィリピン成長企業50社

ブレインワークス／アイキューブ　編著

今、世界から注目を集めているフィリピン経済。英語圏ということもあり、BPO（ビジネス・プロセス・アウトソーシング）を中心に経済の成長が著しい。これを読めば将来性のあるフィリピン企業がまるわかり。
フィリピンで急成長する企業が満載の1冊。

2014年8月15日発刊
価格　1800円（税別）
ISBN978-4-7782-0276-7

タイの経営、日本の経営
企業トップが語る新興国ビジネスの要諦

藤岡　資正　著

タイで活躍する企業トップへのインタビューから、『陸』のアセアン・タイを基点としたアジアの地域戦略についての秘訣に迫る。タイから日本を見つめ直し、アジアの新時代に日本企業の進むべき方向性を導く。

2015年4月15日発刊
価格　1300円（税別）
ISBN978-4-7782-0303-0